collection SPORT et CONNAISSANCE
dirigée par Borhane Erraïs

Cours, exercices et devoirs pour la préparation du B.E.E.S. 1er degré

(tronc commun)

SÉRIE 1

sous la direction de J.-J. LOUIS
Directeur du C.R.E.P.S de Lorraine

Cours, exercices et devoirs pour la préparation du B.E.E.S. 1er degré

(tronc commun)

SÉRIE 1

éditions amphora s.a
14, rue de l'Odéon 75006 Paris

Collection Sport et Connaissance dirigée par Borhane Erraïs

ISBN 2-85180-155-4

SOMMAIRE
Série 1

1

BIOLOGIE

INTRODUCTION

Du point de vue du sport, le corps humain peut très schématiquement se résumer à :

— **Une carapace extérieure articulée** comprenant le squelette, qui est la charpente de l'organisme et des muscles qui sont chargés de faire bouger les différentes pièces les unes par rapport aux autres (aspects fonctionnels et biomécaniques). Ceux-ci sont commandés par les nerfs dépendants de la volonté.
— **Des organes internes**, cœur, poumons, systèmes digestifs et d'excrétion (évacuation des déchets...) etc. qui sont commandés par des nerfs indépendants de la volonté.
— **Un système de commande** : c'est le système nerveux logé dans la cavité crânienne et la colonne vertébrale.

Celui-ci se comporte grossièrement comme un ordinateur, enregistrant, analysant les renseignements en provenance des différentes parties et organes du corps. Dès lors qu'une conclusion est tirée, il envoie des ordres, qui, cheminant par les nerfs moteurs, provoquent soit des mouvements musculaires, soit une modification du fonctionnement de tel ou tel organe interne.

Le geste sportif est le résultat de l'action coordonnée de ces différentes structures. L'ensemble des appareils et fonctions précédemment évoqués constitue ce que l'on pourrait appeler le « **POUVOIR D'AGIR** » de l'individu.

Les différentes parties qui composent ce « **POUVOIR** faire un travail » sont des structures élémentaires propres aux humains. Elles sont susceptibles de modifications après ENTRAÎNEMENT et c'est sur elles que s'appuient les QUALITÉS ou CAPACITÉS PHYSIQUES (fig. 1-2).

Cependant, il faut non seulement pouvoir exécuter un geste sportif encore faut-il **SAVOIR** comment l'exécuter. Nous entrons là dans le domaine des apprentissages moteurs qui s'améliorent eux aussi avec l'entraînement. Le sportif doit rendre sa pratique la plus efficace possible pour en diminuer le coût énergétique. Ce deuxième pôle du geste sportif s'appuie largement sur les structures PERCEPTIVES (ensemble des systèmes organiques de prises d'informations).

Le troisième niveau qui semble conditionner toute conduite motrice, tout acte moteur, c'est le comportement psychologique de l'individu évoluant dans un environnement sociologique et matériel particuliers. Il faut donc POUVOIR, SAVOIR exécuter un geste ou une suite de gestes, il faut aussi **VOULOIR**. C'est ici qu'interviennent la motivation, les capacités d'adaptation, etc. (fig. 3).

Le couple POUVOIR-SAVOIR forme les éléments de la condition physique. Le troisième pôle, si difficile à évaluer, représente le facteur qui permet ou non l'expression de la condition acquise (en tout ou partie).

L'étude de ces trois volets représente donc une nécessité absolue pour qui veut améliorer la capacité d'un organisme à fournir un certain travail dans l'optique sportive.

De la connaissance des principes et mécanismes qui régissent la machine humaine, découle l'ensemble des théories d'entraînement actuellement utilisées dans le monde.

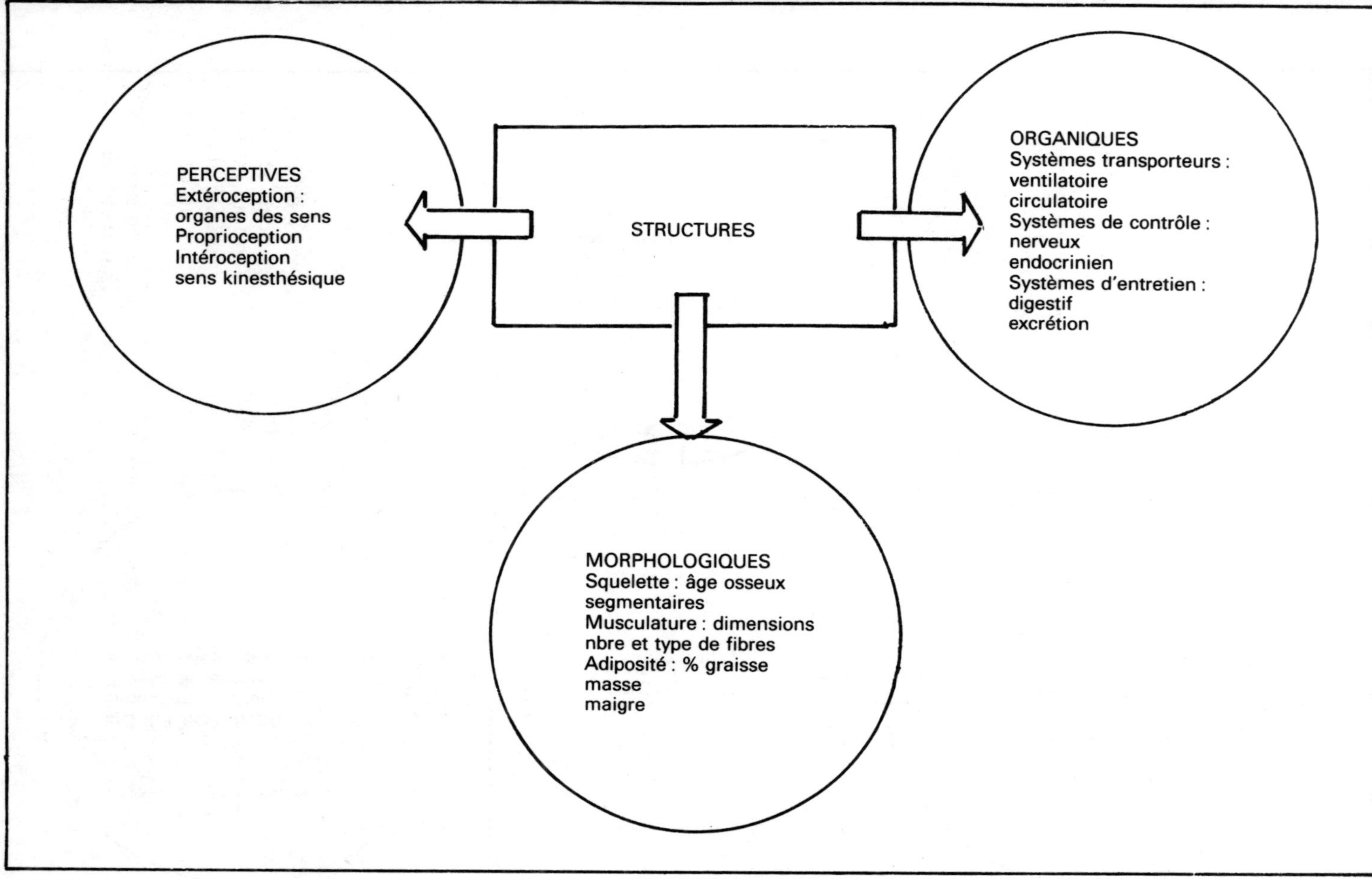
STRUCTURES
PERCEPTIVES
Extéroception :
organes des sens
Proprioception
Intéroception
sens kinesthésique
ORGANIQUES
Systèmes transporteurs :
ventilatoire
circulatoire
Systèmes de contrôle :
nerveux
endocrinien
Systèmes d'entretien :
digestif
excrétion
MORPHOLOGIQUES
Squelette : âge osseux
segmentaires
Musculature : dimensions
nbre et type de fibres
Adiposité : % graisse
masse
maigre

FIGURE 1

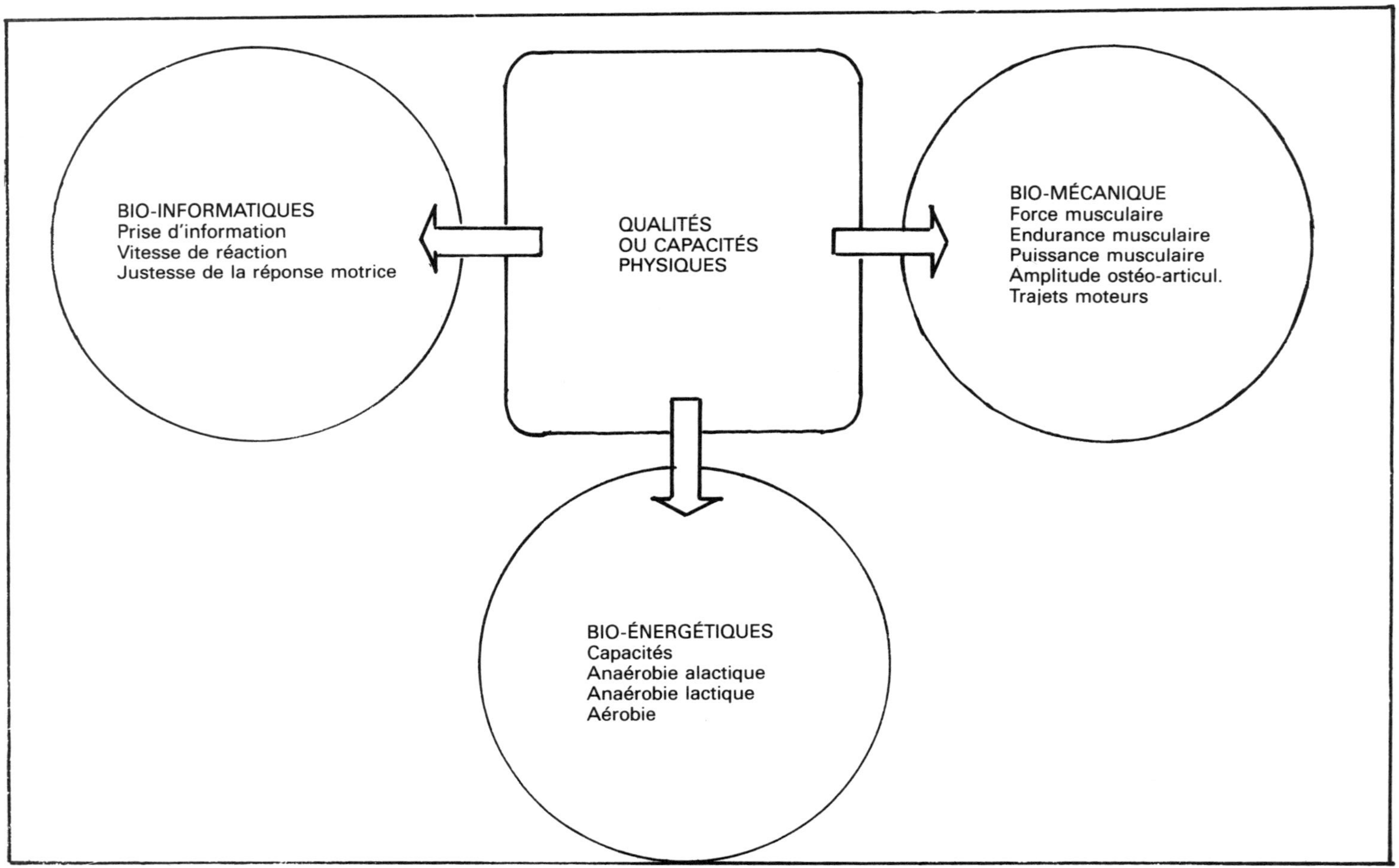
QUALITÉS
OU CAPACITÉS
PHYSIQUES
BIO-INFORMATIQUES
Prise d'information
Vitesse de réaction
Justesse de la réponse motrice
BIO-MÉCANIQUE
Force musculaire
Endurance musculaire
Puissance musculaire
Amplitude ostéo-articul.
Trajets moteurs
BIO-ÉNERGÉTIQUES
Capacités
Anaérobie alactique
Anaérobie lactique
Aérobie

FIGURE 2

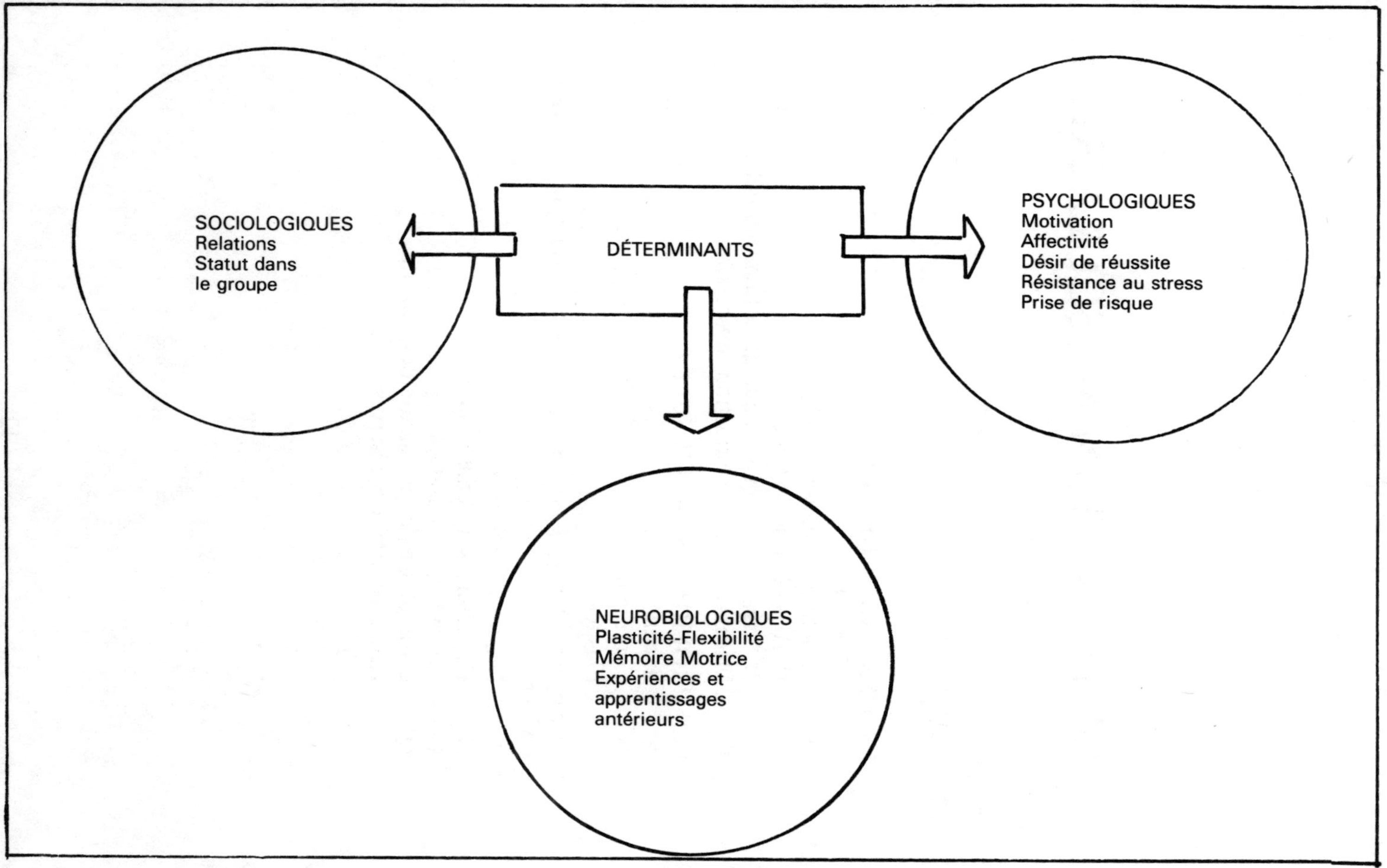
SOCIOLOGIQUES
Relations
Statut dans
le groupe
DÉTERMINANTS
PSYCHOLOGIQUES
Motivation
Affectivité
Désir de réussite
Résistance au stress
Prise de risque
NEUROBIOLOGIQUES
Plasticité-Flexibilité
Mémoire Motrice
Expériences et
apprentissages
antérieurs

FIGURE 3

LA FONCTION MUSCULAIRE

INTRODUCTION

I — LE TISSU MUSCULAIRE
- A — Généralités
- B — Structure du muscle
  - 1) Aspect visuel externe
  - 2) Organisation anatomique de la fibre musculaire
- C — Mécanisme de la contraction musculaire

II — LES PROPRIÉTÉS DU MUSCLE
- A — Excitabilité
- B — Contractilité
- C — Élasticité

III — ASPECTS ENERGÉTIQUES LIÉS A L'ACTIVITÉ MUSCULAIRE
- A — Origine des réserves
- B — Des réserves à l'utilisation
- C — Les modes d'utilisation
- D — Chronologie de l'utilisation des substrats
- E — Reconstitution des réserves

INTRODUCTION

La réalisation d'un geste sportif ou non nécessite la contraction d'un muscle ou d'une chaîne musculaire qui représente une force motrice par rapport aux différents segments articulés entre eux (cf. le cours de « Biomécanique »).

Il convient donc que le tissu musculaire présente les caractéristiques et des propriétés lui permettant, sur des plans physiologique et mécanique, de se contracter.

L'organisation interne du muscle strié squelettique nous renseigne sur ces aspects.

I — LE TISSU MUSCULAIRE

A — GÉNÉRALITÉS

Il existe chez l'être humain deux types de muscles :

• Les muscles striés squelettiques.

Ce sont les muscles moteurs de nos mouvements.

Ils sont commandés par le système nerveux central, et dépendent donc de la volonté (acte moteur volontaire).

• Les muscles lisses ou viscéraux.

Ne dépendent pas de la volonté, mais du système neuro-végétatif.

L'être humain ne peut pas contracter volontairement ces muscles (exemple : muscles de la paroi de l'estomac...).

Le cœur, muscle à la structure originale, sera traité dans le chapitre relatif à la fonction circulatoire.

Dans ce chapitre, nous nous intéresserons exclusivement au muscle strié squelettique.

B — STRUCTURE DU MUSCLE

1) **L'aspect visuel externe** nous permet de constater que tous les muscles n'ont pas la même forme.

Il existe des muscles :

• longs (situés essentiellement au niveau des membres) ;
• courts (intercostaux, muscles des gouttières paravertébrales) ;
• plats (pectoraux...).

Ces muscles, quelle que soit leur forme, ont des points d'attache (insertions) sur les os (au niveau du périoste).

Ils possèdent un ou plusieurs corps (biceps : 2 corps musculaires — triceps : 3 corps musculaires).

Ils s'insèrent généralement sur l'os par l'intermédiaire d'un ou plusieurs tendons (selon le nombre de corps).

Leur action s'effectue toujours par rapport à une ou plusieurs articulations. Exemple :

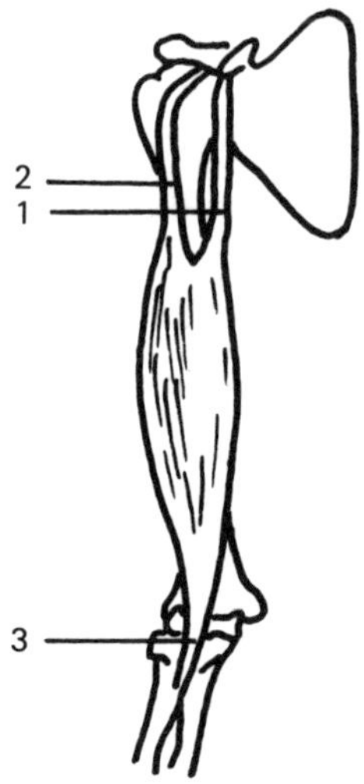

Le biceps :

- 2 corps musculaires :
  — 2 tendons d'insertion haute, proximale (1 et 2) ;
  — 1 tendon terminal (distal) (3).

En regardant plus attentivement le corps musculaire, nous pouvons remarquer :

- qu'il est recouvert par une fine enveloppe appelée aponévrose ;
- qu'il présente des striations longitudinales correspondant à des ensembles de fibres (faisceaux de fibres).

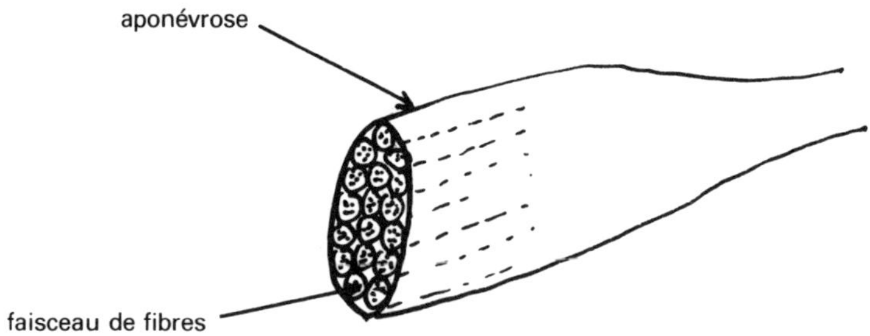

coupe transversale

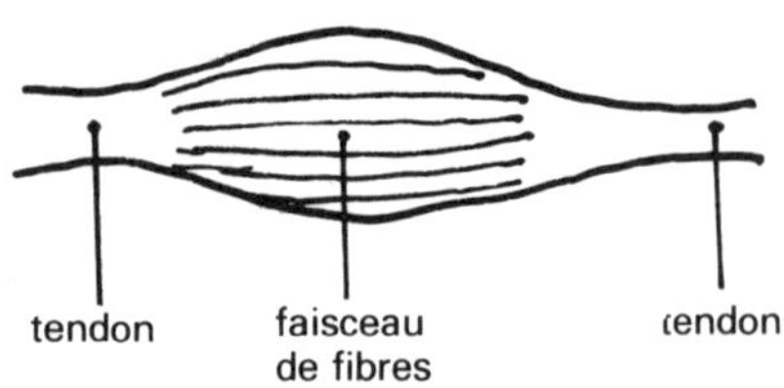

vue longitudinale

2) Organisation anatomique de la fibre musculaire

a) *La fibre musculaire est l'unité de base du tissu musculaire, c'est une cellule comportant* :

- des noyaux (indispensables à la vie cellulaire),
- des mitochondries,
- de la myoglobine.

schéma 1 :
en microscopie optique

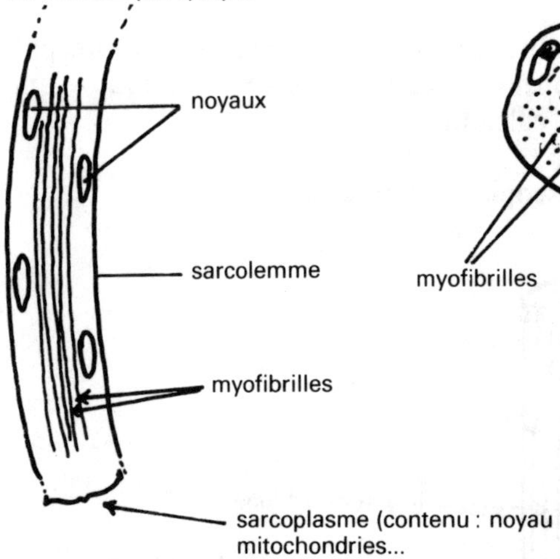

schéma 2 : coupe transversale

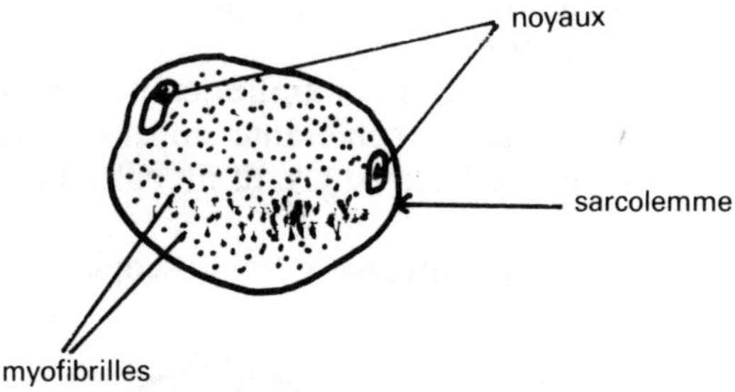

Chaque fibre renferme plusieurs milliers de myofibrilles qui sont situées dans le sens longitudinal (cf. schéma 1).

b) *Étude de la myofibrille* :

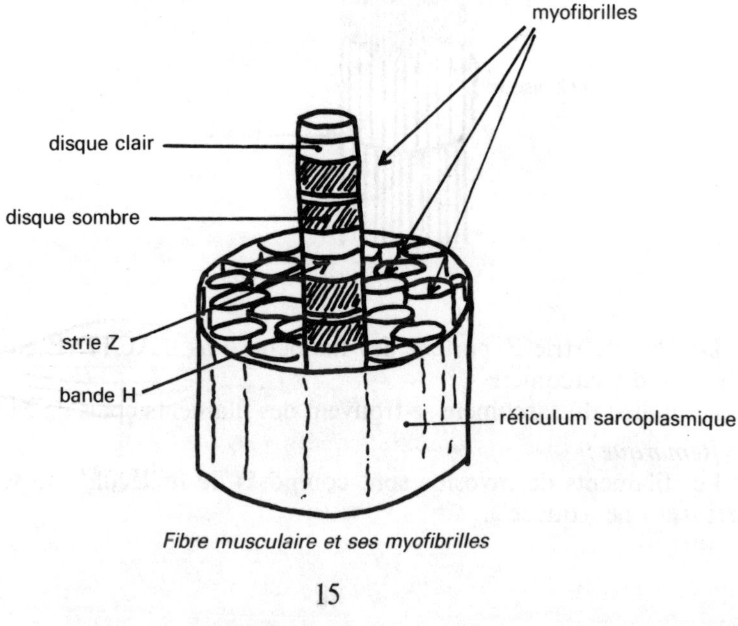

Fibre musculaire et ses myofibrilles

La myofibrille est constituée d'une alternance de disques sombres et de disques clairs.

• Une membrane sépare chaque disque clair en deux ; c'est la strie Z.

• Chaque disque sombre présente en son milieu une zone plus claire ; c'est la bande H.

• La zone située entre deux stries Z est appelée sarcomère.

C'est au niveau du sarcomère que le mécanisme de la contraction musculaire va s'opérer.

L'ensemble des myofibrilles contenues dans une fibre est entouré par une « membrane » pénétrante appelée « reticulum sarcoplasmique » qui présente des vésicules stockant du calcium.

c) *Structure du sarcomère* (microscopie électronique) :

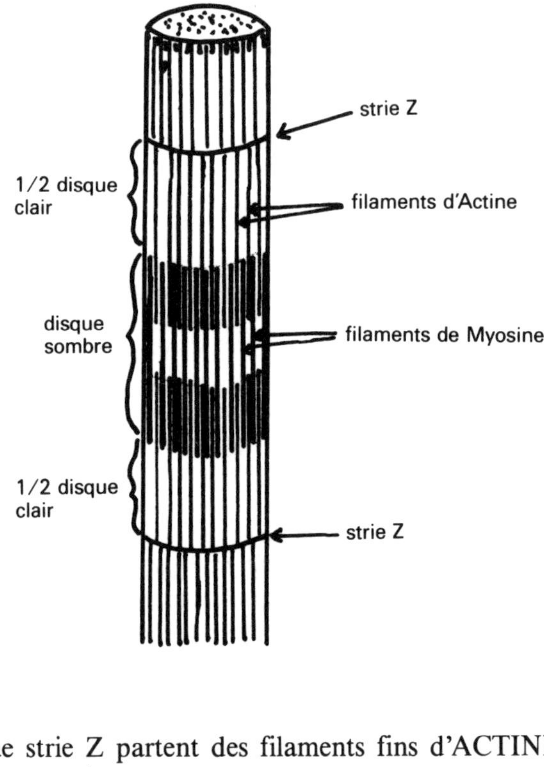

De chaque strie Z partent des filaments fins d'ACTINE en direction du centre du sarcomère.

Au milieu du sarcomère se trouvent des filaments épais de MYOSINE.

Remarque :

Les filaments de myosine sont composés de molécules possédant une « tête » et une « queue ».

Filament de Myosine

Les filaments d'actine sont composés de molécules d'actine sphériques disposées à la manière d'un collier de perle torsadé.

Filament d'Actine

C — MÉCANISME DE LA CONTRACTION MUSCULAIRE

Le mécanisme de la contraction musculaire est directement lié à l'interaction entre l'actine et la myosine.

Dans un muscle au repos, on peut observer qu'au niveau de chaque sarcomère, l'actine et la myosine n'ont aucune action l'une par rapport à l'autre ; ce phénomène est lié à la présence d'A.T.P. (adénosine triphosphate) dans la fibre qui joue un rôle inhibiteur.

Lorsque l'influx nerveux (stimulus) arrive à la fibre par l'intermédiaire de la plaque motrice (jonction neuro-musculaire), il provoque une dépolarisation de cette fibre et déclenche la libération de calcium (CA++) contenu dans le réticulum sarcoplasmique (membrane située autour des myofibrilles).

Ce calcium entre en contact avec les myofibrilles, provoque une réaction chimique avec l'A.T.P. (hydrolyse) qui a pour effet de lever le système inhibiteur existant entre actine et myosine ; il s'opère alors l'établissement de liaisons dynamiques entre myosine et actine par pivotement des têtes des molécules de myosine entraînant une traction des filaments d'actine vers le centre du sarcomère.

Les stries Z par l'intermédiaire des filaments d'actine sont tirées également vers le centre du sarcomère qui, de fait, se raccourcit.

L'ensemble des myofibrilles se raccourcit, la fibre se raccourcit ; c'est la contraction musculaire.

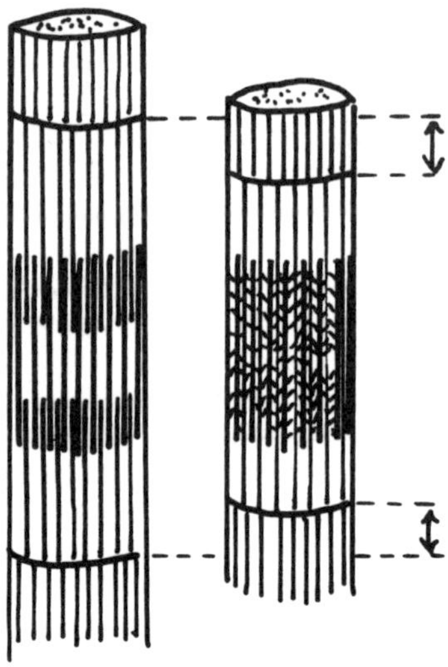

raccourcissement du sarcomère

Récapitulation :

STIMULUS NERVEUX

↓ NERF MOTEUR

PLAQUE MOTRICE

↓

DÉPOLARISATION DE LA FIBRE

↓

LIBÉRATION DU CALCIUM

↓

ACCROCHAGE MYOSINE-ACTINE

↓ → CONTRACTION

RETOUR DU CALCIUM DANS LE RETICULUM

↓

RELACHEMENT

II — PROPRIÉTÉS DU MUSCLE

Le tissu musculaire doit, pour pouvoir répondre aux sollicitations dont il est l'objet, posséder des propriétés particulières.

Elles sont au nombre de quatre :

— Excitabilité.
— Contractilité
— Élasticité.
— Tonicité (propriété traitée avec le système nerveux).

A — EXCITABILITÉ

C'est la propriété qu'a le muscle d'être sensible à une stimulation. Quelles peuvent être ces stimulations ?

— d'origine mécanique (un coup, une piqûre...),
— d'origine thermique,
— d'origine chimique,
— d'origine électrique.

Dans le mouvement volontaire, c'est l'influx nerveux (comparable à une stimulation électrique) qui excite la fibre musculaire.

Le muscle réagira à cette excitation si celle-ci est d'intensité suffisante. En effet, il existe un seuil d'intensité en deçà duquel le muscle n'est pas réceptif. Ce seuil est appelé RHÉOBASE.

B — CONTRACTILITÉ

C'est la propriété qu'a le muscle de rapprocher ses points d'insertion (il se raccourcit).

La réaction du muscle à une excitation est appelée « SECOUSSE MUSCULAIRE » ou TWITCH.

1) Lorsque le muscle est excité une fois il est à noter

— qu'il ne réagit pas immédiatement (temps de latence),
— que sa contraction est plus ou moins rapide,
— que sa contraction est plus ou moins importante (amplitude).

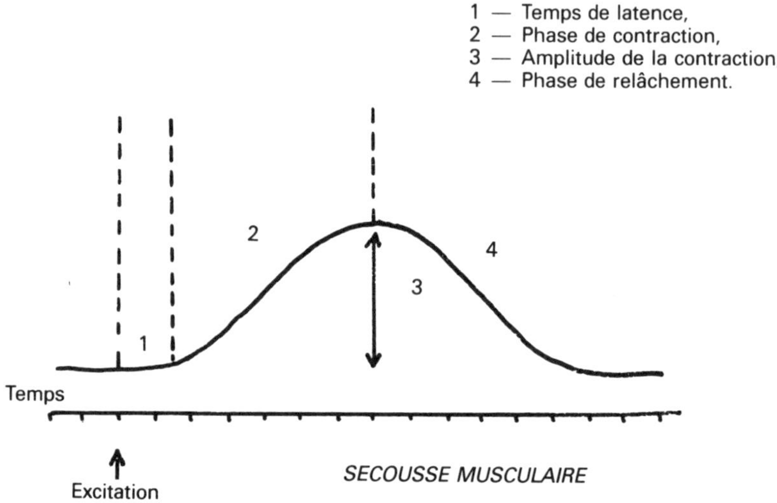

SECOUSSE MUSCULAIRE

Cette réponse du muscle à une excitation peut varier en fonction :

— *De l'intensité de la stimulation*

Plus l'intensité augmente, plus la contraction sera importante (amplitude). Néanmoins, il existe un seuil maximum au-delà duquel l'augmentation d'intensité n'aura aucun effet. C'est le seuil de contraction maximale.

— *De la répartition des différents types de fibres dans le muscle*

Tout muscle moteur possède dans des proportions variables trois types de fibres

* des fibres à contraction rapide,
  (FAST TWITCH = CONTRACTION RAPIDE) ;
* des fibres à contraction rapide qui sont assez endurantes (appelées fibres intermédiaires) ;
* des fibres à contraction lente,
  (SLOW TWITCH = CONTRACTION LENTE).

Si le muscle excité possède une forte proportion de fibres rapides, il réagira plus vite à l'excitation (diminution du temps de latence) et son amplitude de contraction sera plus grande qu'un muscle dont la composition laisse apparaître une forte proportion de fibres lentes. Par contre, ce dernier type de fibres sera capable de maintenir assez longtemps sa contraction.

— *De la température*

Plus la température augmente, plus le muscle réagira vite et fort (d'où la nécessité d'un échauffement avant une pratique sportive),

— *De la fatigue*

Un muscle fatigué réagira moins vite et aura une amplitude de contraction plus faible.

2) **Si le muscle est excité plusieurs fois à intensité constante**

Plusieurs cas sont à évoquer :

— La fréquence des excitations *(i)* est telle que chaque excitation *(intensité constante)* se produit après que le muscle ait réagi totalement.

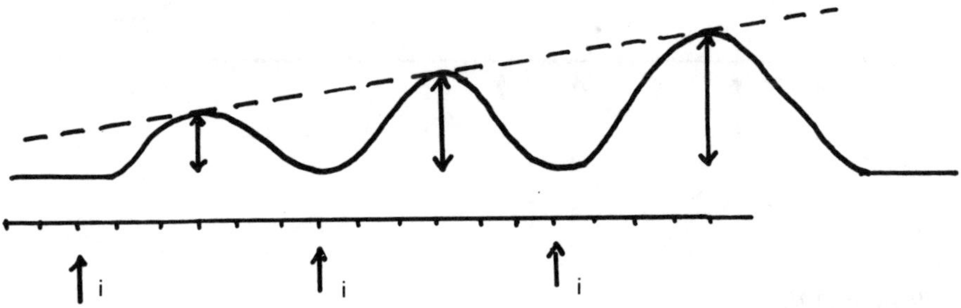

On peut noter :

— Une augmentation progressive de l'amplitude des contractions.

— Une diminution du temps de latence.
C'est le phénomène de *sommation.*

— La fréquence des excitations est telle que chaque excitation se produit dans la phase de relâchement du muscle.

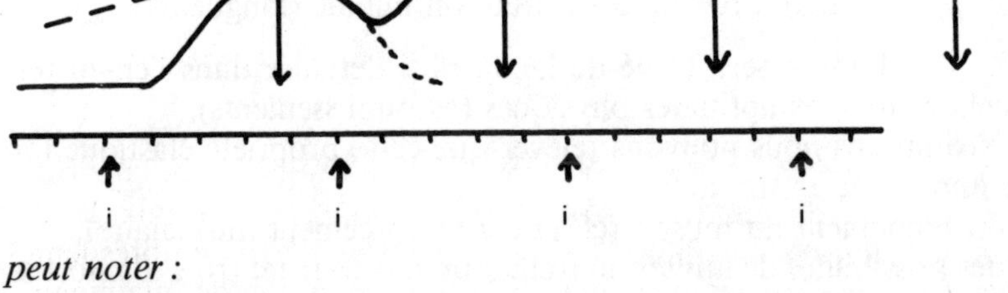

On peut noter :

— Une augmentation de l'amplitude sans retour à la longueur initiale. C'est le TÉTANOS IMPARFAIT.

— La fréquence des excitations est telle que chaque excitation se produira dans la phase de contraction du muscle.

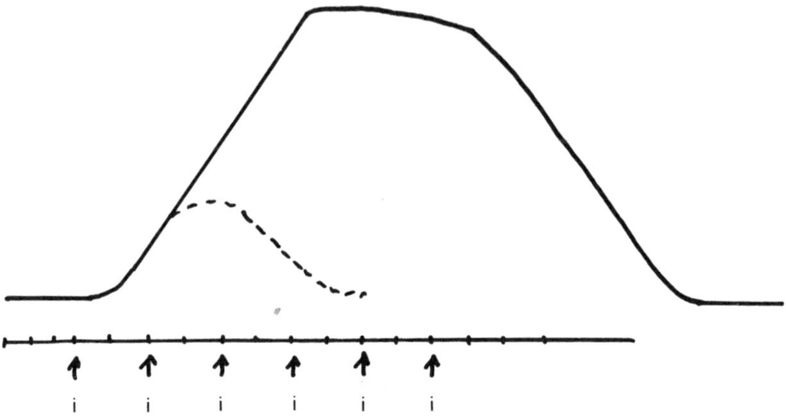

On peut noter :

— que le muscle se contracte de façon maximale jusqu'à cessation de l'excitation. C'est le *TÉTANOS PARFAIT.*

L'intérêt de la connaissance de ces phénomènes réside dans le fait que le muscle est stimulé par un influx dont la fréquence est variable en fonction des intentions du sujet.

Pour faire un effort nécessitant une contraction maximale (sprint, haltérophilie), la fréquence des stimulations provenant des centres nerveux devra être élevée.

C — ÉLASTICITÉ

La vie quotidienne et à fortiori la pratique sportive permet de constater qu'un muscle est étirable et qu'il possède donc des propriétés élastiques, c'est-à-dire qu'après allongement sous l'effet d'une charge ou d'une position (assouplissements) il revient à sa situation initiale (longueur).

N.B. : Ce chapitre sera traité de façon plus détaillée dans l'envoi relatif à l'amélioration des aptitudes physiques (assouplissements).

Néanmoins nous pouvons relever que cette propriété élastique joue un rôle important au niveau :

— du rendement du muscle (cf. envoi renforcement musculaire),

— des possibilités de limiter ou freiner un mouvement (rôle d'amortisseur).

III — ASPECTS ÉNERGÉTIQUES LIÉS A L'ACTIVITÉ MUSCULAIRE

La contraction musculaire ne comporte en elle-même aucun temps métabolique et se déroule de façon passive comme un condensateur qui décharge. Cependant pour être de nouveau excitable la fibre musculaire doit retourner à son état initial et, pour ce faire, l'énergie est indispensable. La restauration de l'état de repos est donc une étape métaboliquement active.

L'énergie provient d'une combustion qui, à l'instar d'une voiture, consomme des carburants et comburants. Le tout se combine pour fournir l'énergie nécessaire et des produits de déchet.

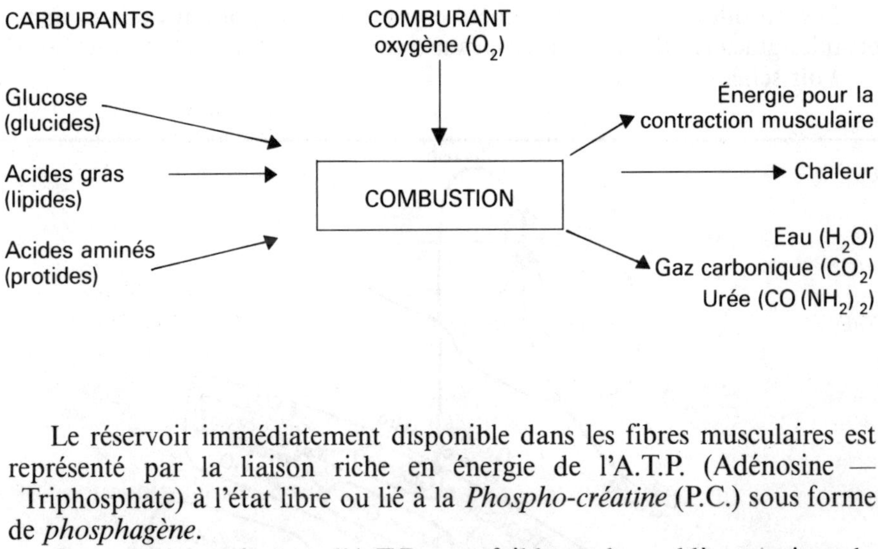

Le réservoir immédiatement disponible dans les fibres musculaires est représenté par la liaison riche en énergie de l'A.T.P. (Adénosine — Triphosphate) à l'état libre ou lié à la *Phospho-créatine* (P.C.) sous forme de *phosphagène*.

Cependant les réserves d'A.T.P. sont faibles et le problème majeur du muscle est donc de reconstituer en permanence cette source d'énergie. Dans un premier temps l'A.T.P. est reconstitué à partir de l'énergie fournie par une décomposition du phosphagène. Cette dernière ne pouvant couvrir qu'une très courte période, il devient indispensable de consommer des *SUBSTRATS* énergétiques. Ceux-ci sont les carburants évoqués précédemment et proviennent des substances nutritives que nous absorbons lors des différentes prises alimentaires.

A — ORIGINE DES RÉSERVES

Ces substrats forment des réserves incluses, les unes dans la fibre elle-même, les autres (de loin les plus importantes) dans des lieux de stockage éloignés tels que le foie et le tissu adipeux.

Leur mise en circulation et emploi n'est autorisé que lorsqu'il existe des besoins énergétiques comme c'est le cas dans l'entraînement sportif.

Les glucides ne peuvent être utilisés qu'en l'absence d'A.T.P., et les réserves lipidiques ne peuvent être mobilisées qu'après l'intervention obligatoire d'un système hormonal complexe.

B — DES RÉSERVES A L'UTILISATION

Le plus immédiatement disponible pour reconstituer l'A.T.P. est le *glycogène musculaire*. De l'autre côté de la membrane de la fibre se trouve le *glucose extra-cellulaire* sanguin ou interstitiel. Ce glucose circulant est enfin lui-même renouvelé par le débit en glucose en provenance du foie, conditionné en grande partie par le glucose alimentaire.

Les lipides consommés sont les *acides gras* libérés dans les cellules adipeuses et transportés dans le plasma sous forme d'acide gras, non estérifiés.

Les protides enfin ne sont guère concernés en dehors des conversions protides-glucides. Ils constituent avant tout des structures.

Voir schéma ci-après.

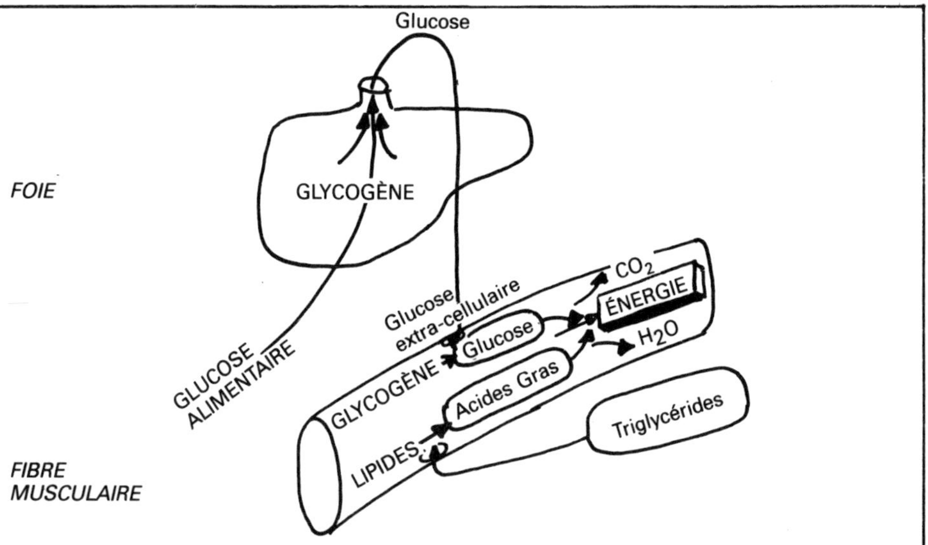

DES RÉSERVES A L'UTILISATION DES SUBSTRATS

D'après LABADIE - 1980

C — LES MODES D'UTILISATION

Le glucose, quelle que soit son origine, est susceptible de fonctionner en présence d'oxygène mais également en dehors de sa présence. On parle alors de mode de fonctionnement *aérobie* et *anaérobie*.

La deuxième version de l'utilisation du glucose présente cependant des inconvénients majeurs :

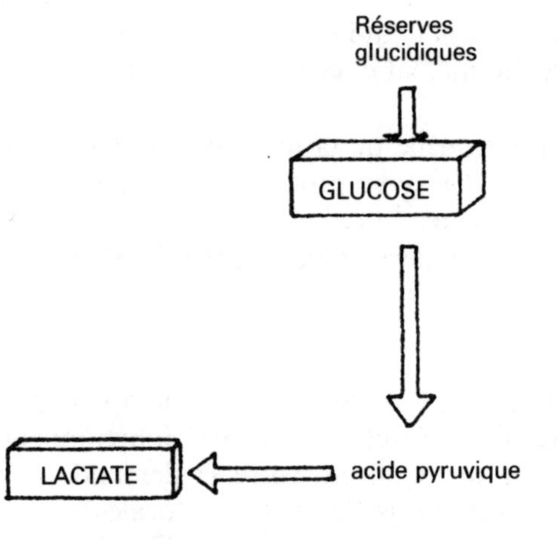

UTILISATION DU GLUCOSE SANS OXYGÈNE

— son rendement énergétique est faible et ne permet pas la reconstitution en grande quantité de l'A.T.P.,

— elle conduit à un gaspillage des réserves avec la formation d'*acide lactique* ou *lactate*.

En d'autres termes le mode anaérobie est très coûteux et ne peut être concevable que pour des activités de *très courte durée*. Cela signifie également que la quasi-totalité de notre énergie provient du mode aérobie. Notre physiologie est tout entière orientée dans ce sens.

Les réserves glucidiques peuvent donc être mobilisées dans des conditions aérobies, lorsqu'il existe des dépenses énergétiques à couvrir.

Les lipides quant à eux ne peuvent être utilisés qu'en présence d'oxygène et permettent la reconstitution importante d'A.T.P.

Enfin, il faut souligner la part non négligeable d'énergie convertie en chaleur.

D — CHRONOLOGIE DE L'UTILISATION DES SUBSTRATS

L'ensemble de ces réserves n'est pas consommé simultanément. D'une manière schématique on peut concevoir les événements suivants :

— *Immédiatement et lors des efforts très brefs et très intenses*

L'oxygène présent dans le muscle (fibres, vaisseaux) est insuffisant pour répondre à la demande. Il s'en suit un déficit initial en O_2 (d'autant

plus important que l'effort est intense), une utilisation des réserves en A.T.P. et en phosphagène. La particularité de cette utilisation des substrats c'est qu'elle a lieu en version *ANAÉROBIE*, pour l'essentiel, puisque O_2 présent atteint, nous l'avons dit, très vite ses limites.
En tout état de cause la production d'énergie par ce mode est minime. Les efforts fournis ne sont possibles que pendant quelques secondes avant l'épuisement

— *Le second temps*

Si l'effort continue à se poursuivre, l'organisme essaie de mobiliser des réserves en version aérobie. Pour cela il lui faut le temps d'adapter débit et consommation d'O_2. Entre l'immédiat et ce moment existe une étape intermédiaire.
Les réserves en glucose et en glycogène de la myofibrille sont utilisées également en version *ANAÉROBIE* avec production d'acide lactique et abaissement du pH à l'intérieur des fibres.
Cette voie de production d'énergie permet des efforts intenses d'une durée de l'ordre de 2' à 3'.

— *Le troisième temps*

La relève des apports glucidiques et d'oxygène a eu le temps matériel de s'établir. Les systèmes, respiratoire et circulatoire, fonctionnent à plein régime et il peut s'établir un équilibre entre la demande et les apports d'oxygène. Dans ces conditions, les réserves locales, (si elles existent encore) sont consommées en version *AÉROBIE.*
Puis, si l'exercice continue, c'est autour du glucose extra-cellulaire d'intervenir. Pour autant ces réserves ne permettent qu'une action limitée dans le temps. Le rapport durée de l'effort/intensité de l'effort induit l'utilisation préférentielle d'un autre substrat. L'activité de « fond » ne peut se concevoir sans qu'il ne soit fait appel aux *lipides* et dans ces activités c'est la faillite glucidique qui conditionne la durée et l'intensité de l'effort.
L'organisme en apprenant (rôle de l'entraînement) à utiliser plus et plus tôt des lipides, met en réserve les stocks de glucides permettant d'éviter l'*hypoglycémie*, facteur de cessation à plus ou moins brève échéance de l'activité en cours.

Conclusion

Le plus souvent, un ou deux systèmes fonctionnent en même temps. Cela dépend toujours de l'intensité de l'effort et de sa durée. Une des tâches essentielles de l'éducateur sportif consiste donc à identifier quel(s) système(s) est utilisé de manière prépondérante dans sa discipline.

Très généralement, la production d'énergie en version aérobie prédomine au repos et lors des exercices d'intensité faible ou modérée. L'intensité de l'exercice à laquelle cet état peut être maintenu est proportionnelle à la condition physique de l'individu.

La production d'énergie en version anaérobie est utilisée en début de tout exercice intense, permettant aux mécanismes de transport de l'O_2 de s'adapter aux exigences du moment.

LA FOURNITURE D'ÉNERGIE

	EN VERSION ANAÉROBIE (sans O_2)		EN VERSION AÉROBIE (avec O_2)
Origine de l'énergie	Réserves du muscle en PHOSPHAGÈNE (ATP/PC)	Réserves du muscle en GLYCOGÈNE avec production d'acide lactique	• Réserves du muscle en GLYCOGÈNE • GLUCOSE extra-cellulaire • Réserves en GLYCOGÈNE du foie • Réserves de graisses (AGL)
Voies de Production	SYSTÈME DE PRODUCTION D'ÉNERGIE N° 1 → Voie anaérobie alactique	SYSTÈME DE PRODUCTION D'ÉNERGIE N° 2 → Voie anaérobie lactique	SYSTÈME DE PRODUCTION D'ÉNERGIE N° 3 → Voie aérobie
Nature des Efforts	Efforts maximaux de durée courte	Efforts intenses possibles pendant 2 à 3'	Efforts modérés possibles durant plusieurs heures

E — RECONSTITUTION DES RÉSERVES

C'est la dernière étape et elle peut se dérouler soit au cours de l'effort, soit au cours de la période de récupération et de repos.

Ces mécanismes sont très nombreux et très divers :

- l'A.T.P. et le PHOSPHAGÈNE sont déjà reconstitués en permanence en cours de contraction,
- la restructuration des glucides et des lipides s'effectue dans le foie mais surtout à partir de l'alimentation :

  Le GLUCOSE est orienté vers la reconstruction de GLYCOGÈNE tant au niveau des muscles que dans le foie puis vers la transformation en AGL (grâce à un mécanisme complexe se déroulant dans le foie) stockés dans les cellules adipeuses.

  Les lipides alimentaires sont eux aussi stockés dans le tissu adipeux (sous forme de triglycérides).

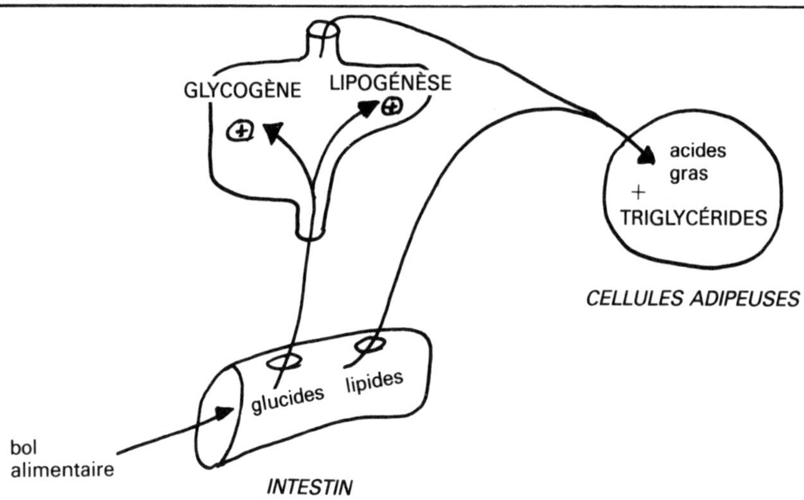

LA RECONSTITUTION DES RÉSERVES

D'après LABADIE - 1980

SCHÉMA D'ENSEMBLE DE LA CONTRACTION MUSCULAIRE

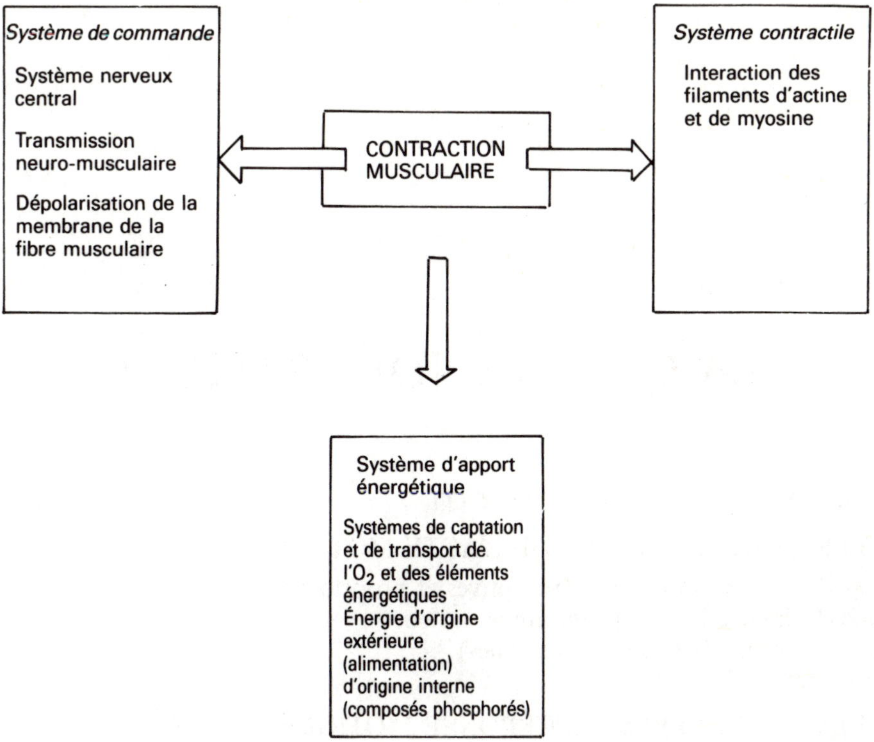

LA COMMANDE MOTRICE

DÉFINITION DE LA MOTRICITÉ

LES QUATRE PHASES DE L'ACTE MOTEUR

- Les informations (extéroceptives et proprioceptives)
- L'élaboration du programme moteur
- Commande (les motoneurones)
- Retour

LES TROIS TYPES DE RÉPONSE MOTRICE

- Réflexes, volontaires, automatiques (rôles du réflexe myotatique et de l'activité tonique)

PROBLÈME DE L'APPRENTISSAGE MOTEUR

Comprendre comment s'organise un individu pour réussir une tâche oblige à considérer ce que représente la motricité pour un organisme.

> *La motricité recouvre l'ensemble des postures et mouvements dont est capable l'organisme, en fonction des buts que celui-ci se propose d'atteindre.*

C'est le système nerveux qui organise le mouvement en donnant des ordres aux muscles qui actionnent les leviers osseux.

Le système nerveux central ne peut assurer cette fonction que si, au préalable, il a été renseigné sur l'état du milieu environnant et sur l'état de son propre organisme. Il faut donc qu'il reçoive des informations.

En provenance du milieu environnant les *informations* sont recueillies par les organes des sens ; elles sont recueillies par les récepteurs kinesthésiques ou proprioceptifs quand il s'agit de son propre corps.

LES RÉCEPTEURS EXTÉROCEPTIFS situés dans les organes des sens nous renseignent sur tout ce qui nous entoure.

Les yeux, grâce à la rétine, nous permettent d'évaluer à quelle distance se trouvent la cible (panier de basket, plastron de l'escrimeur...), les partenaires, les adversaires, le ballon ; à quelles vitesses se déplacent les joueurs, le projectile... La vue est un outil fondamental pour le sportif.

L'oreille externe avec le pavillon, le tympan, les osselets, capte les sons, elle aide à la communication entre joueurs, permet de prendre un bon départ (starter).

La peau avec ses différents récepteurs (sensibles à la pression, au chaud, au tact...) nous permet d'évaluer l'état du sol (récepteurs placés sous les pieds : rôle important dans l'équilibre), d'évaluer le poids d'un ballon, la température de l'eau d'une piscine...

Le nez et la langue jouent un rôle très important chez les animaux. Ils paraissent moins prégnants que les trois autres organes des sens chez l'homme.

LES RÉCEPTEURS PROPRIOCEPTIFS stimulés par « les actions du corps lui-même » (SHERRINGTON) rendent comptent de la position du corps dans l'espace.

Les récepteurs situés dans les *muscles (fuseaux neuro-musculaires, F.N.M.)* sont sensibles à l'étirement ; ils sont à la base du réflexe myotatique antigravitaire (cf. plus loin). Les récepteurs *neuro-tendineux* de Golgi situés dans les *tendons* musculaires sont sensibles à un étirement passif intense ; ils sont la cause du réflexe myotatique inverse, inhibant la contraction musculaire (utilisation lors des étirements, du « Stretching »). Les récepteurs situés dans les *capsules articulaires* rendent compte du degré et de la vitesse d'ouverture ou de fermeture d'une articulation (même les yeux fermés, nous pouvons estimer si notre bras est à l'horizontale, à l'oblique..., à quelle vitesse nous le déplaçons).

Le système labyrinthique situé dans *l'oreille interne* (canaux semi-circulaires, saccule, utricule) nous informe des accélérations angulaires et linéaires que nous pouvons subir (athlète au trampoline, en gymnastique, au plongeon...).

Il est à noter le rôle fondamental de la tête qui contient les yeux, les oreilles externes, internes, et du cou avec des récepteurs articulaires et musculaires très nombreux. La position de la tête par rapport à la verticale règle le tonus de l'ensemble de la musculature.

Les informations ainsi captées circulent vers les centres nerveux dans les *voies* nerveuses afférentes ou *sensitives*.

Ces centres (moelle épinière, tronc cérébral, cerveau, cervelet) élaborent alors une réponse motrice. La motivation du sujet et ses expériences antérieures permettront aux centres de choisir la réponse la plus ajustée possible à la situation présente.

Cette réponse est conduite jusqu'aux muscles par les *voies* efférentes ou *motrices* ; c'est alors seulement que se déroule la phase visible de l'action d'ordre physiologique et mécanique.

Des informations en retour renseignent les centres nerveux sur la conformité ou non du mouvement produit par rapport au mouvement prévu.

Tout acte moteur requiert l'enchaînement de ces quatre phases :
— prise d'informations,
— élaboration du programme moteur,
— commande neuro-musculaire,
— rétroaction sur le résultat de l'action.

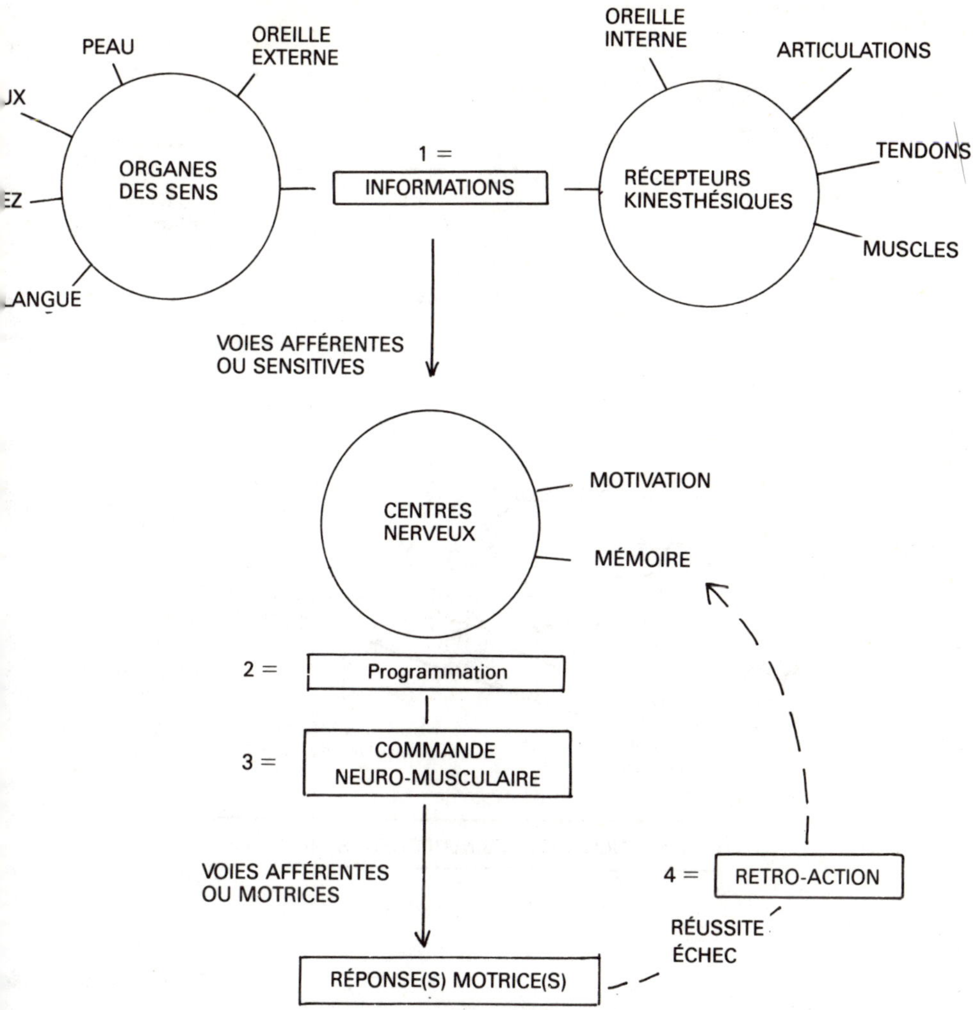

LES QUATRE PHASES DE L'ACTE MOTEUR

L'influx nerveux, né de l'excitation d'un récepteur chemine le long des neurones sensitifs jusqu'aux centres nerveux.

C'est là que se passe la phase de programmation.

Le neurone moteur, ou *motoneurone*, part de la corne antérieure de la moelle et pénètre dans le muscle au niveau de la plaque motrice ; il va y stimuler plusieurs fibres musculaires (parfois des milliers, quelquefois deux ou trois seulement). Le motoneurone et les fibres placées sous sa dépendance constituent une *unité motrice*. Dans un muscle il y a autant d'unités motrices que de motoneurones qui y parviennent.

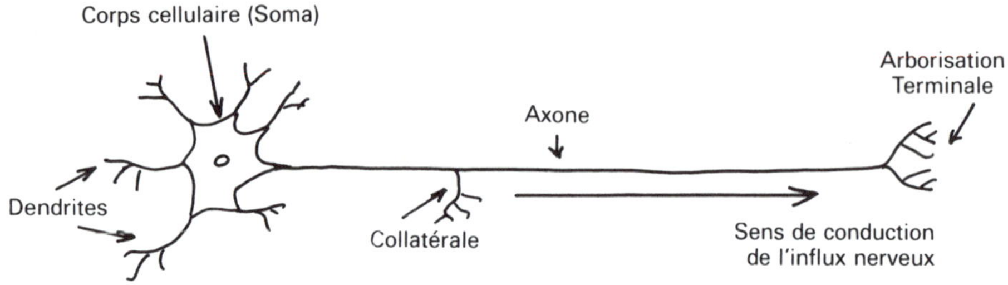

NEURONE

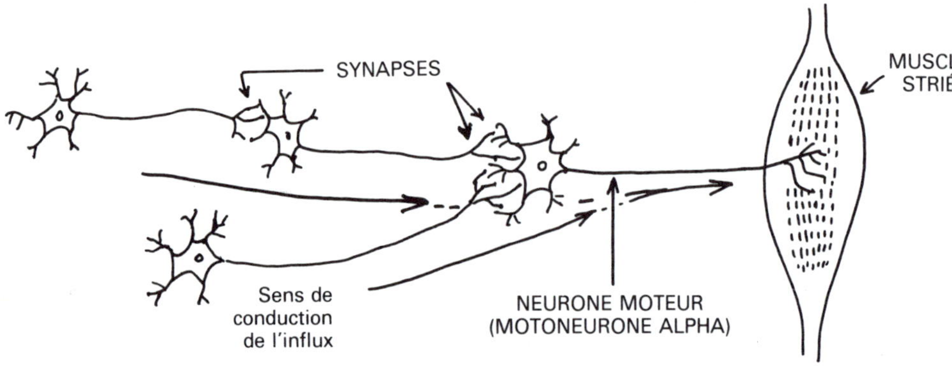

ARTICULATIONS DES NEURONES : SYNAPSES

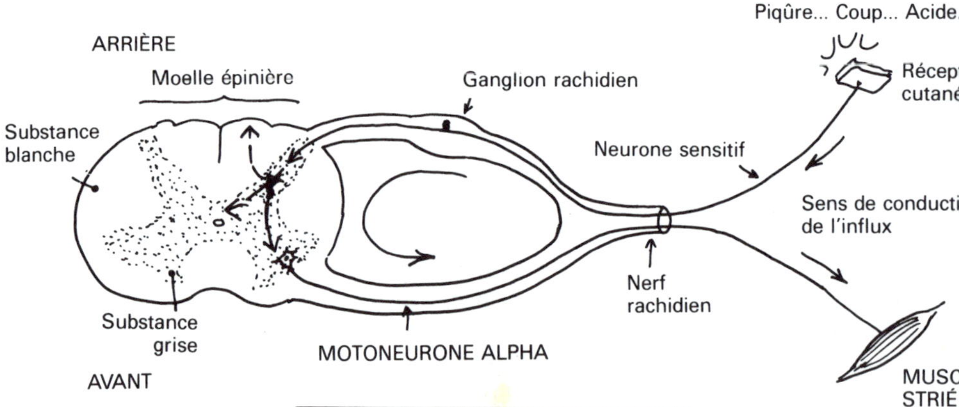

ARC RÉFLEXE MÉDULLAIRE

Tout muscle squelettique à l'état de repos se trouve normalement soumis à une tension légère.

Cette *activité tonique* résulte d'une tétanisation à basse fréquence des unités motrices. Les centres nerveux de la vigilance (formation réticulée du tronc cérébral) en assurent la régulation. Ce tonus musculaire « de repos » est donc toujours sous-jacent à tout mouvement quel qu'il soit.

Selon la nature de la tâche à effectuer, les mouvements peuvent être réflexes, volontaires ou automatiques.

La réponse est *réflexe* quand elle est inconsciente (extension de la jambe quand on frappe sur le tendon rotulien).

La réponse mûrement réfléchie (phase d'apprentissage par exemple) est *volontaire.*

Les gestes appris et suffisamment répétés sont des mouvements *automatiques* ; ils sont plus précis, plus économiques.

Ces trois types de mouvements interviennent simultanément dans nos conduites motrices dans des proportions variables selon la nature du geste à accomplir.

Parmi ces trois types de mouvements il faut souligner le rôle fondamental du mouvement réflexe considéré comme l'activité de base :

— *Le réflexe myotatique,* réflexe proprioceptif dû à l'étirement brutal du muscle, provoque la contraction immédiate de ce dernier, et le relâchement des antagonistes. Ce réflexe intervient dans la statique posturale pour lutter contre la gravité. La régulation de la posture est fondée sur l'antagonisme permanent entre les muscles synergistes et antagonistes.

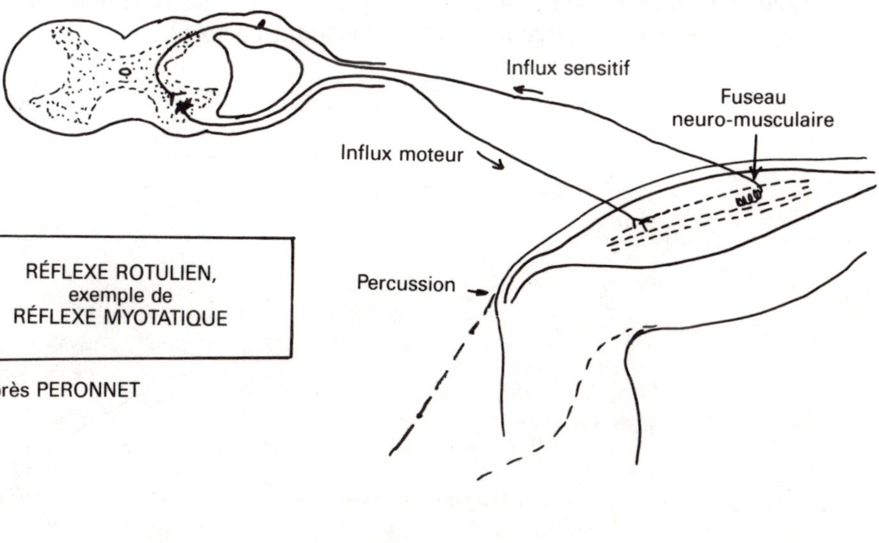

RÉFLEXE ROTULIEN,
exemple de
RÉFLEXE MYOTATIQUE

d'après PERONNET

Le maintien de la position dressée, verticale, caractéristique de l'espèce humaine, nécessite une activité tonique constante de nombreux groupes musculaires pour s'opposer aux forces de la pesanteur. L'homme repose sur un polygone de sustentation réduit et vacille en permanence pour maintenir son équilibre. Ce maintien fait appel aux réflexes qui entretiennent une contraction permanente de nombreux groupes musculaires immobilisant les articulations.

Ce *tonus de posture* intervient en arrière-plan de tout mouvement, il en réalise le soubassement. « Le tonus précède, accompagne et termine le mouvement dynamique. » « Quand le bras travaille, tout le reste du corps y participe par une stabilisation posturale des autres articulations » (J. PAILLARD).

L'affectivité entraîne des modifications toniques : des réactions émotionnelles (peur de l'échec, désir de vaincre) peuvent entraîner des contre-performances ou au contraire avoir des effets bénéfiques sur la performance sportive.

— *Le réflexe extéroceptif,* quant à lui, répondant à des stimulations des récepteurs extéroceptifs est surtout un réflexe de défense, de survie (fermer les yeux, retrait de la main, succion...).

Les nouvelles habiletés motrices s'acquièrent progressivement.

L'homme naît avec tout son équipement et « un plan de câblage ». Mais les connexions entre les cellules nerveuses s'établissent progressivement (maturation). Ces connexions, *synapses*, devront être sollicitées, stimulées, sinon elles ne seront jamais opérationnelles et dégénéreront.

L'apprentissage d'une nouvelle habileté motrice suppose une modification structurale du répertoire câblé. Une fois le nouveau bloc stabilisé, l'organisme, malgré tout, pourra s'adapter grâce à sa flexibilité qui lui confère une certaine marge (corrections pendant l'action).

CIRCULATION SANGUINE

INTRODUCTION

I — LE SANG
Généralités — Plasma — Globules — Fonction

II — LA FONCTION CIRCULATOIRE
1 — La circulation sanguine
2 — Le cœur
a) Description
b) Fonctionnement
La révolution cardiaque — Le débit cardiaque.
3 — Les vaisseaux sanguins
Description des artères — capillaires et veines —
La pression artérielle

AVERTISSEMENT

Dans ce premier tome, nous ne traiterons que de la physiologie de la circulation, et dans un tome ultérieur, de l'adaptation cardio-vasculaire à l'exercice et des effets de l'entraînement sur la fonction circulatoire.

INTRODUCTION

Les cellules ont besoin, pour fonctionner, d'oxygène, de sucres, de sels... Elles puisent ces aliments dans le liquide dans lequel elles baignent (le liquide interstitiel). Elles y déversent les produits de leur métabolisme.

Ce milieu intérieur, malgré tous ces échanges, conserve une composition très stable maintenant les conditions fondamentales de vie. Ce rôle équilibrateur incombe au sang, circulant à l'intérieur d'un système clos, non étanche (les vaisseaux) grâce à une pompe, le cœur.

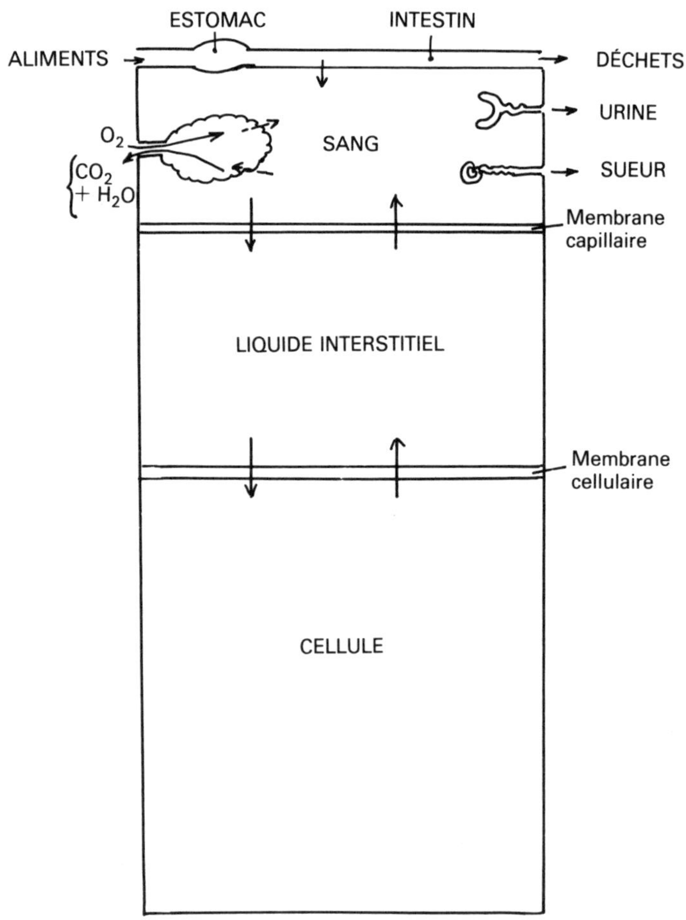

I — LE SANG

C'est un liquide visqueux, légèrement basique, salé, dont la couleur varie avec le degré d'oxygénation. L'organisme en contient 5 à 6 l (1/13 du poids du corps).

Le sang est constitué de deux parties :

- une phase liquide, le plasma (55 % du volume du sang),
- une phase solide, les globules, cellules mobiles qui baignent dans le plasma.

Le **plasma** contient des substances organiques, nutritives (glucose, graisses, protéines, vitamines), des substances de déchets (acides, urée), des éléments minéraux (eau, sels), des hormones, des anticorps.

Les **globules** sont de trois sortes : les globules rouges ou hématies, les globules blancs ou leucocytes et les plaquettes sanguines ou thrombocytes.

Les globules rouges, très nombreux (5 millions par mm^3 de sang) ont pour rôle essentiel le transport de l'oxygène grâce à l'hémoglobine. Celle-ci fixe l'oxygène pour former l'oxyhémoglobine.

$$Hb + O2 \rightleftharpoons Oxy\,Hb$$

Les globules blancs, de plusieurs sortes, (6 000 à 8 000 par mm^3) servent surtout à la défense de l'organisme (lutte contre les poisons, les microbes).

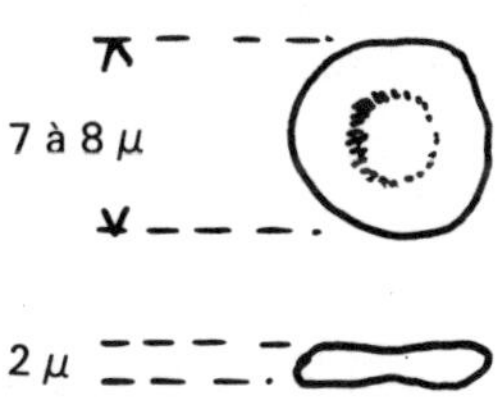

GLOBULE ROUGE

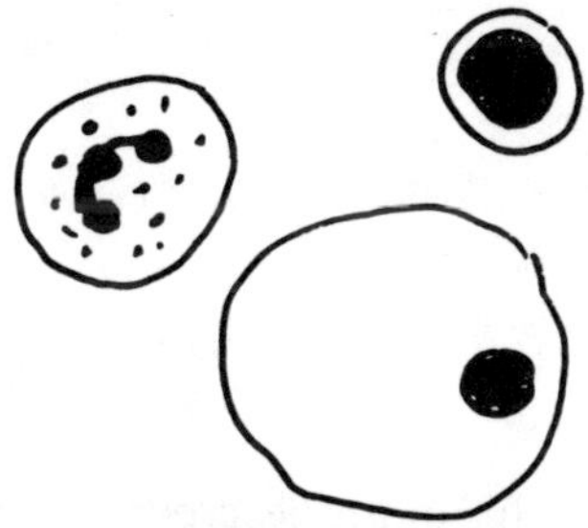

GLOBULES BLANCS

C'est grâce aux plaquettes (250 000 par mm^3) que la coagulation peut se dérouler normalement.

Le sang est normalement fluide à l'intérieur des vaisseaux (équilibre entre activateurs et inhibiteurs de la coagulation). Des déséquilibres peuvent provoquer des états d'hypercoagulabilité (thromboses, embolies) ou d'hypocoagulabilité (hémophilie).

hyper = sang plus coagulable — hypo = sang difficilement coagulable.

Le sang est donc un **transporteur** : oxygène, substances nutritives, déchets... Cette fonction est assurée par le cœur qui pousse le sang dans les vaisseaux.

II — LA FONCTION CIRCULATOIRE

1 — LA CIRCULATION SANGUINE

CIRCULATION PULMONAIRE

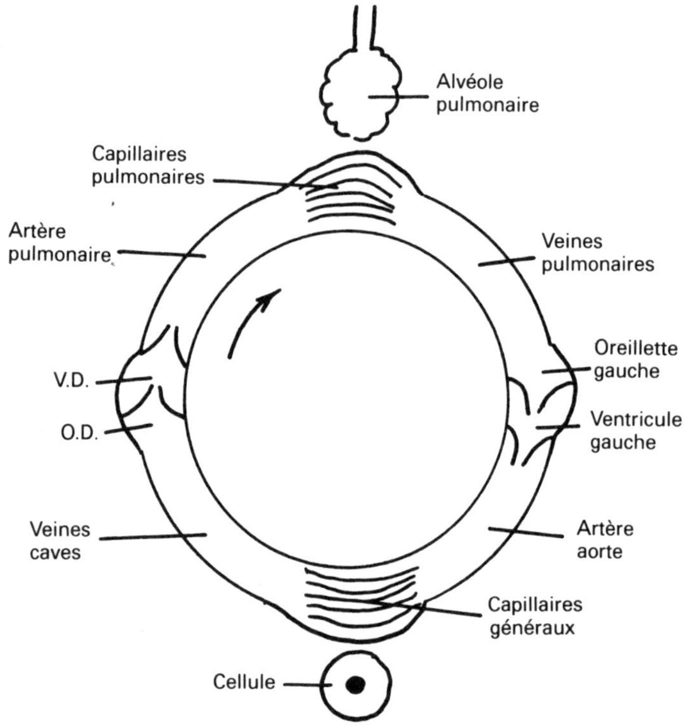

CIRCULATION GÉNÉRALE

Le sang quitte le cœur en empruntant les artères, il y revient par les veines. Les échanges, au niveau tissulaire ou pulmonaire, se font au niveau des capillaires.

La **circulation générale** (ou grande circulation) permet l'oxygénation des différents organes (muscles, os, reins...). Le sang « oxygéné » quitte le cœur par l'artère aorte et se rend aux tissus. Des échanges ont lieu grâce aux capillaires généraux et le sang « noir » revient au cœur par l'intermédiaire des veines caves.

Il est à noter dans cette circulation générale que le sang qui provient de l'intestin (riche en sucres, protéines, vitamines, sels...) passe par le foie (veine porte) avant de se jeter dans la veine cave inférieure. Ce sang subit un traitement lors du passage dans cette grosse « usine » (2 kg) que représente le foie (cf. schéma ci-après).

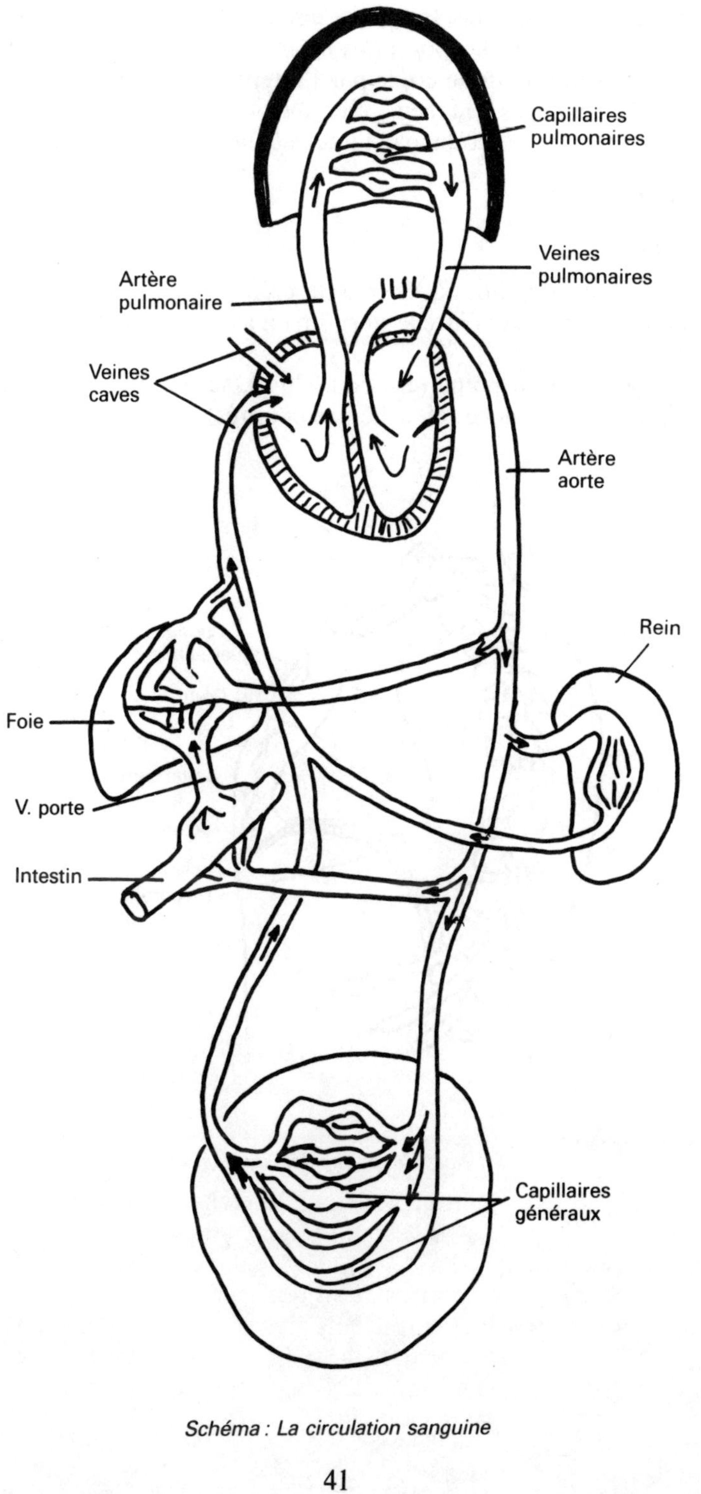

Schéma : La circulation sanguine

La **circulation pulmonaire** (ou petite circulation) permet au sang « noir » de s'oxygéner au niveau des poumons en même temps qu'il rejette du gaz carbonique. Le sang quitte le cœur par l'artère pulmonaire et se rend aux poumons. Des échanges ont lieu grâce aux capillaires pulmonaires et le sang « rouge » revient au cœur par l'intermédiaire des veines pulmonaires.

2 — LE CŒUR

a) Description

Situé à la base du thorax, ce muscle creux repose sur le diaphragme entre les deux poumons et entre le sternum en avant et la colonne vertébrale en arrière.

De la grosseur d'un poing (environ 270 g), sa pointe bat en regard du 5e espace intercostal gauche (cf. schémas ci-après).

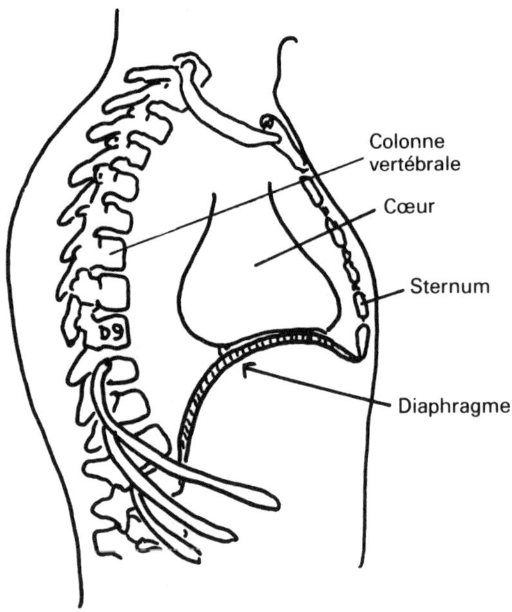

Schéma : Coupe sagittale du thorax

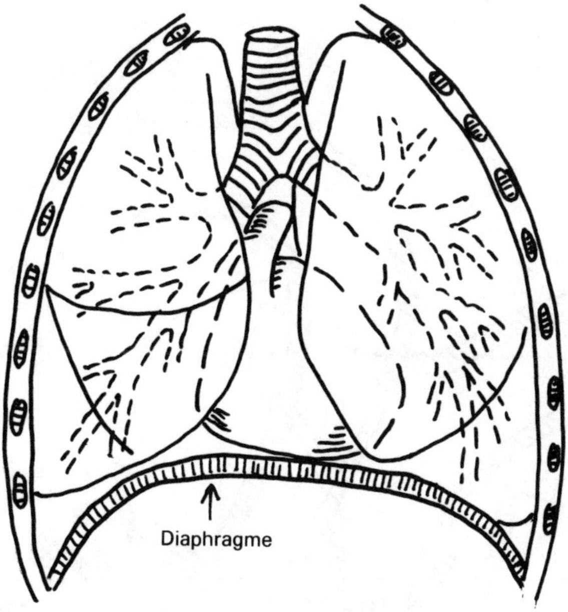

Schéma : Vue antérieure des poumons et du cœur

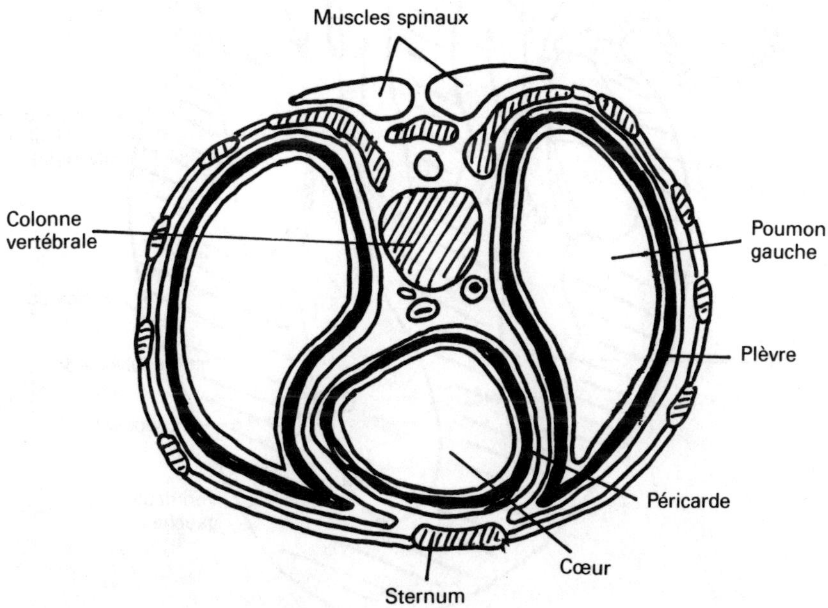

Schéma : Coupe horizontale du thorax (plèvre — péricarde)

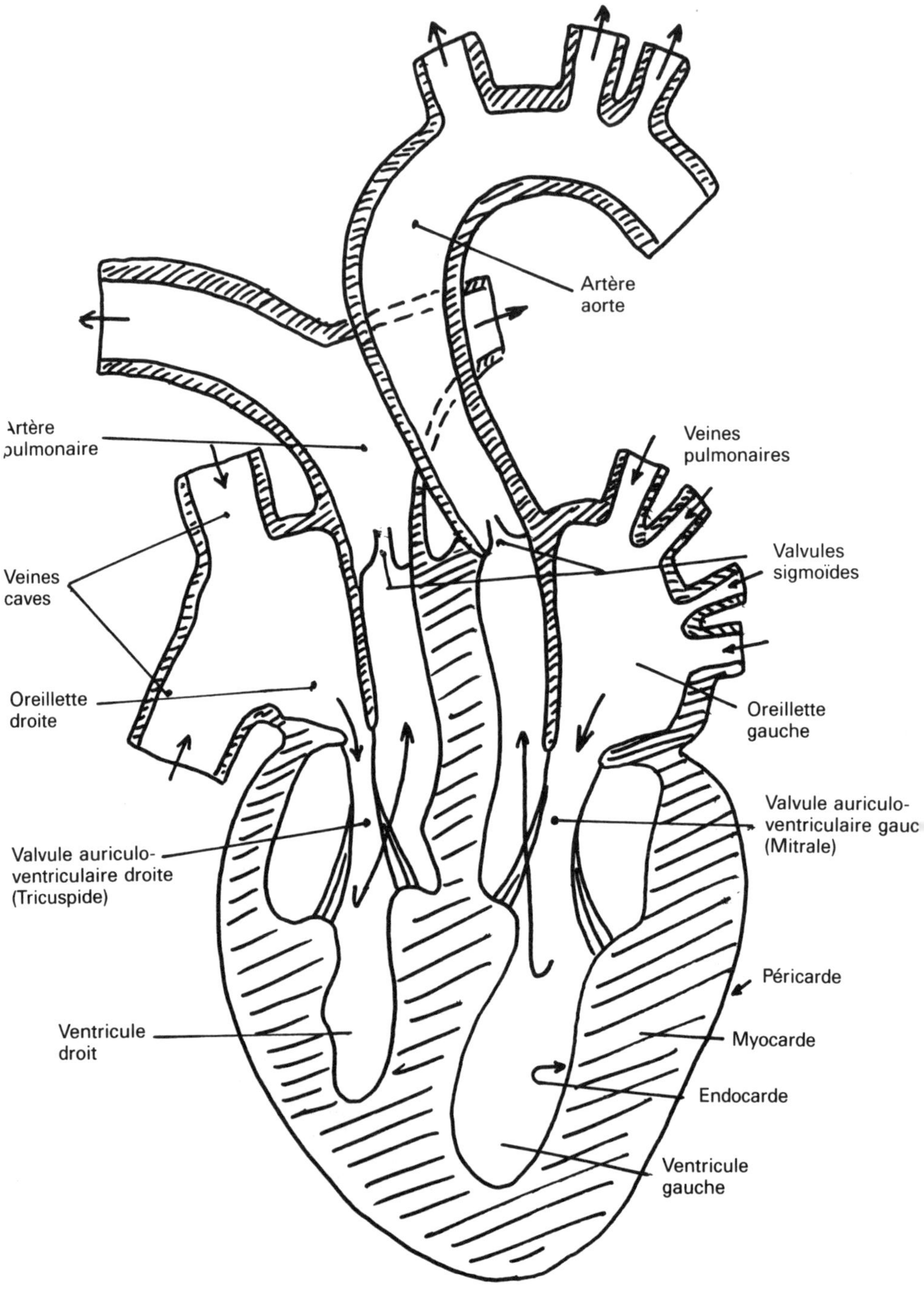

Schéma : Configuration interne du cœur

Une cloison mitoyenne sépare le cœur droit du cœur gauche. Dans chaque moitié, deux chambres communiquent : **l'oreillette** où débouchent les veines et le **ventricule** d'où part l'artère. La communication est assurée par une **valvule auriculo-ventriculaire** ne laissant s'écouler le sang que de l'oreillette vers le ventricule (empêchant ainsi le retour du sang du ventricule vers l'oreillette). Les **valvules sigmoïdes**, à la base des artères jouent le même rôle (du ventricule vers l'artère).

Trois couches constituent la structure du cœur :

• **l'endocarde**, mince membrane, tapisse l'intérieur du cœur,

• **le myocarde**, couche intermédiaire, est un tissu musculaire strié particulier (plus épais à gauche qu'à droite), il est vascularisé par les deux artères coronaires (en provenance de l'aorte).

• **le péricarde**, enveloppe externe, est formé lui-même de deux parties, le péricarde séreux, accolé au myocarde (2 feuillets) qui permet les mouvements du cœur et le péricarde fibreux (à l'extérieur) qui assure l'amarrage du cœur aux différentes parties qui l'entourent (cf. schéma ci-contre).

• **le tissu nodal** est le système nerveux intrinsèque du cœur ; « pile » naturelle, il assure son fonctionnement autonome.

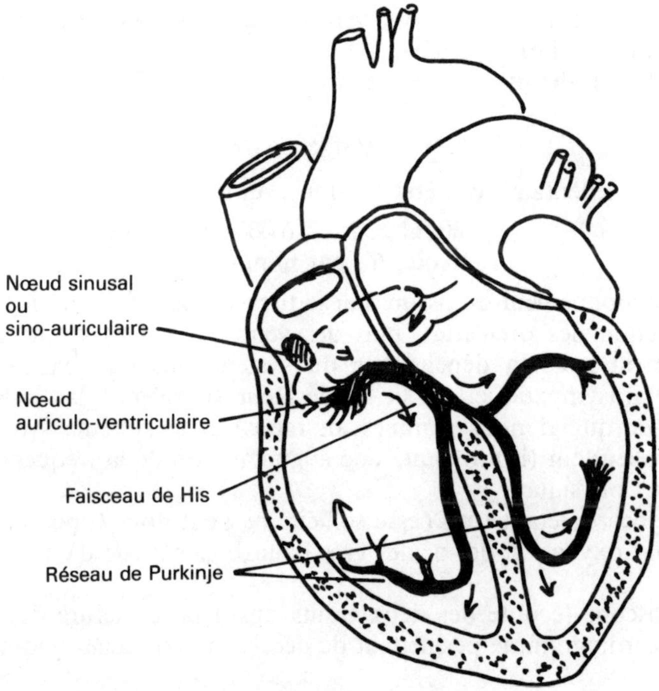

Schéma : Tissu nodal
propagation de l'influx

Fonctionnement

Le cœur est le siège de contractions rythmiques du myocarde à raison de 70 à 80 par minute pour un sédentaire. Ces contractions **(SYSTOLES)** alternent avec des périodes de relâchement **(DIASTOLES)**.

L'ensemble des phénomènes se déroulant d'une phase à la même phase suivante constitue une **révolution cardiaque**.

Celle-ci se décompose schématiquement en trois temps successifs :

- **la systole auriculaire** (environ 1 / 10 s) qui complète le remplissage des ventricules,
- **la systole ventriculaire** (environ 3/ 10 s) qui se décompose en deux temps : la compression du sang dans les ventricules (contraction isométrique) suivie de l'éjection ventriculaire,
- **la diastole générale** (environ 4/ 10 s) qui permet au myocarde de se reposer. Pendant ce temps, les ventricules se remplissent du sang parvenu aux oreillettes.

La quantité de sang éjecté à chaque systole est d'environ 80 ml, alors que le ventricule peut en contenir 200. Il reste donc environ 120 ml de sang dans chaque ventricule après la systole.

Ces 80 ml constituent le **volume d'éjection systolique** (V.E.S.). Celui-ci représente la différence entre le volume contenu dans le ventricule en fin de diastole (volume télédiastolique $\simeq$ 200 ml) et le volume contenu dans le ventricule en fin de systole ventriculaire (volume télésystolique ou postsystolique $\simeq$ 120 ml).

Le débit cardiaque ($\dot{Q}$) est le produit de ce V.E.S. par la fréquence cardiaque (F.C.).

$$\dot{Q} = \text{V.E.S.} \times \text{F.C.}$$

Pour un sédentaire, ce débit est donc, au repos, d'environ :

$$80 \text{ ml} \times 75 = 6\,000 \text{ ml}$$

soit : 6 l par minute.

Ce fonctionnement est assuré par le tissu nodal dont l'influx déclenche la contraction des oreillettes, puis des ventricules. Ce rythme nodal est constamment sous la dépendance du système nerveux extrinsèque : le système parasympatique, cardio-modérateur (il ralentit la fréquence en permanence quand nous sommes au repos) et le système sympathique, cardio-accélérateur (il provoque une augmentation de la fréquence (fièvre, peur, effort physique).

Le myocarde étant sans cesse sollicité ne peut donc fonctionner qu'en aérobie par oxydation des acides gras (source essentielle d'énergie pour le cœur).

Stéthoscope (écoute des deux bruits dus à la fermeture des valvules) et électrocardiogramme permettent de déceler d'éventuelles anomalies.

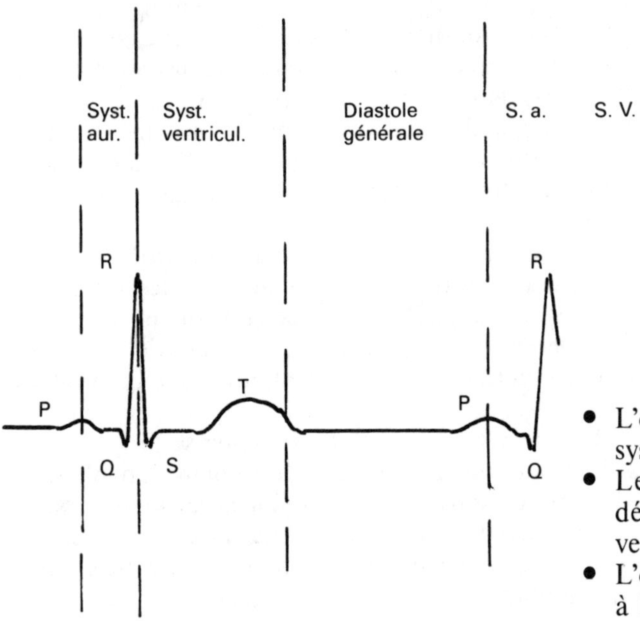

ÉLECTROCARDIOGRAMME

- L'onde P déclenche la systole auriculaire.
- Le complexe QRS déclenche la systole ventriculaire.
- L'onde T correspond à la repolarisation du myocarde.

3 — LES VAISSEAUX SANGUINS

C'est grâce à ces conduits que le sang peut parvenir aux lieux d'échanges et en revenir.

Les **artères** se distinguent des **veines** par leurs tuniques moyennes (la média) beaucoup plus riches en fibres élastiques (une artère coupée reste béante, une veine s'écrase). Parfois les veines possèdent des valvules qui facilitent le retour sanguin au cœur.

Les **capillaires**, les plus fins des vaisseaux (une seule couche de cellules) sont la raison même de la circulation sanguine, car c'est à leur niveau qu'ont lieu tous les échanges (oxygène, gaz carbonique, sucres, urée, acide lactique...).

Des fibres musculaires lisses permettent, grâce à leurs contractions ou leurs relâchements, de modifier le calibre des vaisseaux et donc de s'adapter aux besoins sanguins des différents organes (cette **vaso-motricité** est commandée par le système nerveux végétatif : le parasympathique provoque une vaso-dilatation et le sympathique une vaso-constriction).

Le sang, poussé par le cœur, se heurte au sang déjà présent et aux parois des vaisseaux. Il est donc dans les artères sous une certaine pression (quand on coupe une artère, le sang gicle par saccades perpendiculairement à l'artère). Cette **pression artérielle** est maximum quand le cœur chasse le sang lors de la systole (pression systolique dont la valeur est voisine de 12 cm de mercure), elle est minimum quand le cœur se repose, lors de la diastole (pression diastolique voisine de 7 cm de mercure). Sa valeur est fonction de la qualité de la paroi (une artère durcie — âge, graisse — entraîne de l'hypertension), elle est fonction aussi de la résistance à l'avancement (lors d'un effort) de l'état émotif (stress, inquiétude...).

La pression comme la vitesse du sang vont diminuer progressivement au fur et à mesure que le sang se rapproche des lieux d'échanges, dans les capillaires. Sa pression est alors de l'ordre de 20 à 25 mm de mercure et sa vitesse proche de zéro.

Après les échanges, le sang revient au cœur par l'intermédiaire des veines. Ces vaisseaux sont deux fois plus nombreux que les artères et contiennent quatre fois plus de sang. Plusieurs facteurs aident au retour du sang des organes vers le cœur : la poussée du sang artériel bien sûr, mais aussi la contraction des muscles qui travaillent, ainsi que l'aspiration thoracique.

Parties du cœur à chaque systole, des ondes de choc se propagent le long des artères. Ces déformations sont perceptibles quand on place la pulpe des doigts sur les artères sous-cutanées (radiale, carotide, temporale...). Ce **pouls** est un indicateur sérieux pour l'entraîneur (mesurer sur une durée de 15 secondes, immédiatement après l'arrêt de l'effort : exemple : **42** × 4 = 168 pulsations/minute).

LA RESPIRATION

INTRODUCTION

I — GÉNÉRALITÉS

II — ANATOMIE DU SYSTÈME RESPIRATOIRE
- A — Les voies aériennes supérieures
- B — Les poumons

III — FONCTIONNEMENT MÉCANIQUE DE LA RESPIRATION
- A — Éléments annexes de l'appareil respiratoire
- B — Fonctionnement mécanique de l'inspiration et de l'expiration
- C — Les volumes respiratoires et la ventilation pulmonaire

IV — PHYSIOLOGIE DES ÉCHANGES GAZEUX
- A — Les échanges gazeux
- B — Transport de l'oxygène et du gaz carbonique

V — MÉCANISMES NERVEUX DES MOUVEMENTS RESPIRATOIRES

INTRODUCTION

Dans ce chapitre, nous allons traiter de l'appareil respiratoire.

Dans un premier temps, nous nous attacherons à le décrire d'un point de vue anatomique.

Puis, en second lieu, nous verrons le fonctionnement mécanique de la respiration, à savoir, le travail des muscles et des différents organes aidant l'inspiration et l'expiration.

La troisième partie sera consacrée à la physiologie de la respiration, c'est-à-dire, à l'échange et au transport des gaz.

Enfin, pour conclure ce chapitre, nous verrons quels sont les mécanismes nerveux régissant la respiration.

I — GÉNÉRALITÉS

— **Rôle de l'oxygène dans l'organisme** : Chaque cellule d'un organisme animal a besoin pour effectuer son travail, pour assurer son rôle, d'ÉNERGIE. Cette énergie vitale est fournie par la réaction d'un carburant et d'un comburant (comme un moteur à explosion).

- Le carburant est apporté à la cellule par l'alimentation.
- Le comburant, l'oxygène (0_2), se trouve dans l'air atmosphérique et nous est fourni par la fonction respiratoire.

Cette production d'énergie s'accompagne d'une production de déchets qu'il faut éliminer (cf. schémas).

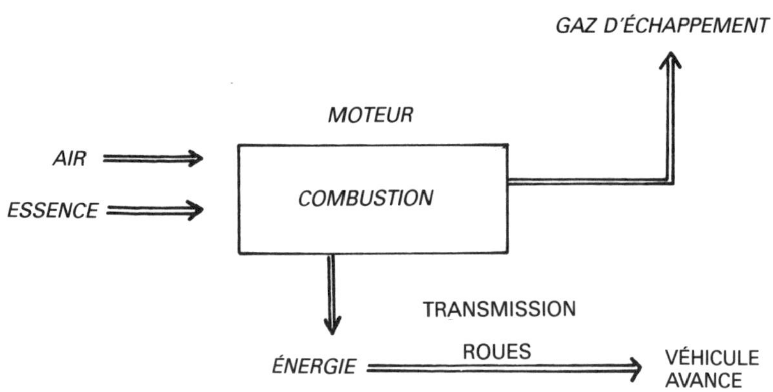

cellule musculaire :

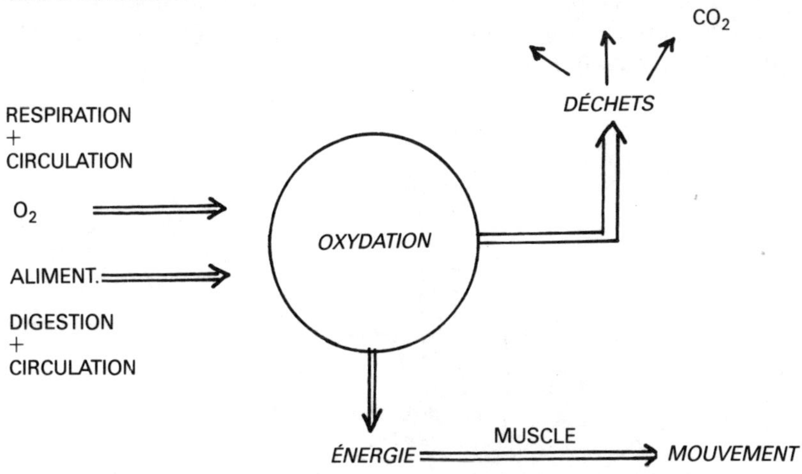

— **But de la respiration :** La fonction respiratoire a pour rôle de permettre l'arrivée dans l'organisme de l'oxygène et le départ des déchets gazeux.

— **Composition de l'appareil respiratoire** : Il se divise en deux grandes parties :

• **les voies aériennes** représentent les tuyaux qui conduisent l'air dans les poumons et inversement.

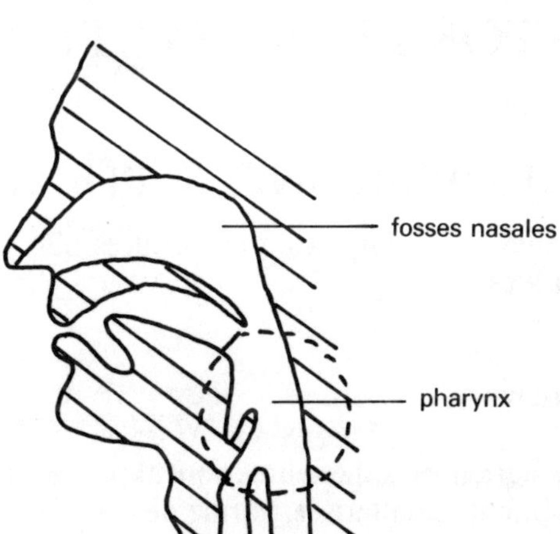

• **les poumons** représentent le lieu où s'effectuent les premiers échanges gazeux. Les globules rouges du sang viennent se charger en oxygène et se décharger du gaz carbonique (CO_2).

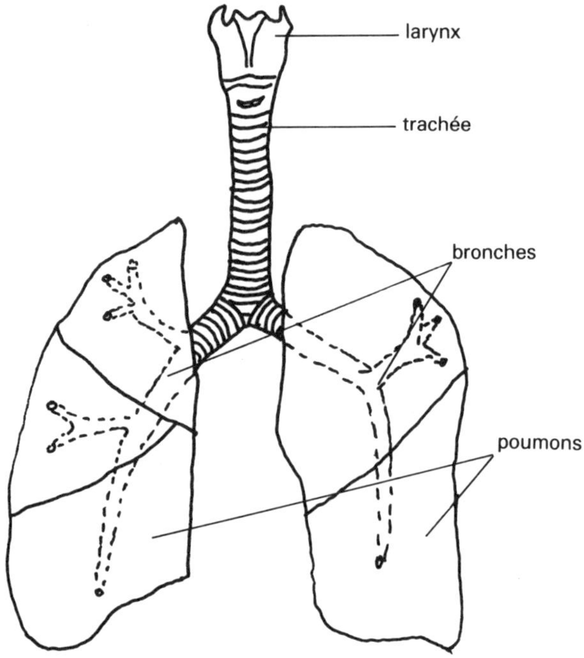

II — ANATOMIE DU SYSTÈME RESPIRATOIRE

A — LES VOIES AÉRIENNES SUPÉRIEURES

Les voies aériennes supérieures sont constituées par :

- les fosses nasales,
- le pharynx,
- le larynx,
- la trachée artère,
- les bronches.

Toutes les voies aériennes supérieures sont tapissées intérieurement par une muqueuse richement vascularisée, garnie de cils vibratiles et de glandes à mucus.

— **Rôle de la muqueuse :**

• réchauffer l'air respiré grâce à la chaleur fournie par les nombreux capillaires sanguins ;

• humidifier l'air ;

• filtrer l'air grâce au mucus produit par les glandes qui agglomèrent les poussières sur les parois. Poussières qui sont ensuite phagocitées par les globules blancs ou éliminées vers l'extérieur par le battement des cils vibratiles ;

• repousser vers l'extérieur les corps étrangers accidentellement introduits dans les voies respiratoires par les réflexes de toux et d'éternuements.

1 — Les fosses nasales

Ce sont deux cavités divisées par le cartilage de la cloison nasale, qui sont situées au-dessus de la bouche dont elles sont séparées par le voile du palais.

Elles s'ouvrent au-dehors par les narines et ont un rôle important dans la filtration et l'humidification de l'air.

Elles sont le siège des cellules olfactives.

2 — Le pharynx

C'est un conduit musculo-membraneux qui communique en haut avec la bouche et les fosses nasales, en bas avec la trachée et l'œsophage.

Carrefour aéro-digestif, il fonctionne comme un centre d'aiguillage entre la voie digestive (bouche — œsophage) et respiratoire (fosses nasales — larynx).

Fonctionnement : (cf. schéma).

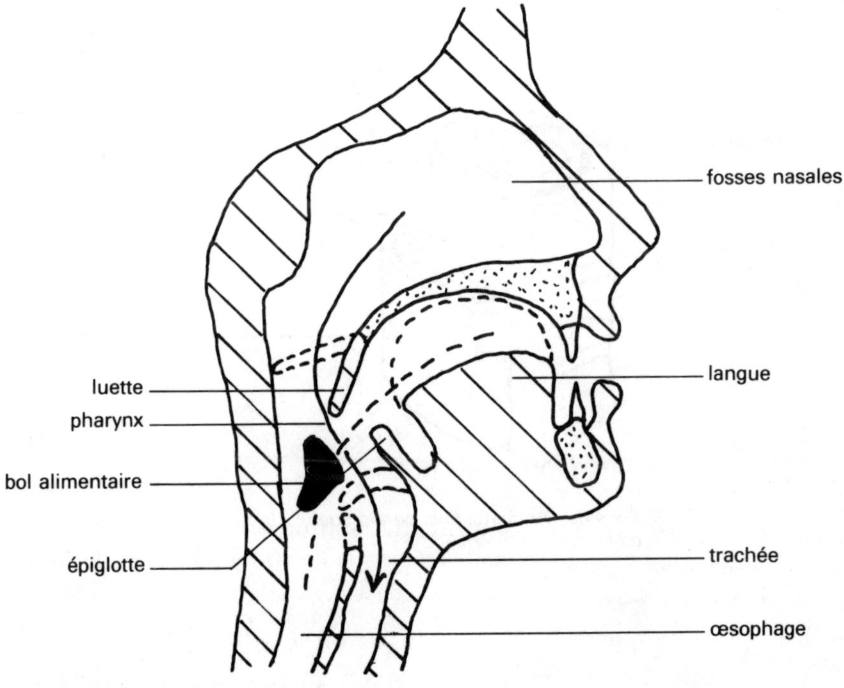

Schéma : Le pharynx et le mécanisme de la déglutition

Au cours de la déglutition, il y a fermeture des voies respiratoires afin d'empêcher le passage d'aliments dans la trachée. Cette fermeture se fait par :

- recul de la base de la langue ;
- élévation de la luette qui ferme les orifices des fosses nasales ;
- rabattement de l'épiglotte qui ferme l'orifice du larynx ;
- ascension du larynx. Lorsque on déglutit, on sent très bien l'ascension de la « pomme d'Adam ».

Le fait « d'avaler de travers » est dû à un mauvais fonctionnement du pharynx. Ce qui déclenche un réflexe de toux afin d'expulser le corps étranger introduit par erreur dans la voie respiratoire.

3 — Le larynx

Il fait suite au pharynx en haut et se poursuit par la trachée en bas.

Le larynx est formé d'une armature cartilagineuse qui lui assure une certaine rigidité en le gardant ouvert afin de permettre le passage de l'air.

C'est l'organe essentiel de la phonation puisqu'il contient les cordes vocales qui vibrent au passage de l'air.

4 — La trachée

C'est un tuyau fibro-cartilagineux (formé d'anneaux semi-cartilagineux) long d'environ 12 cm. Elle s'étend du larynx à la partie supérieure du thorax où elle se divise en 2 bronches.

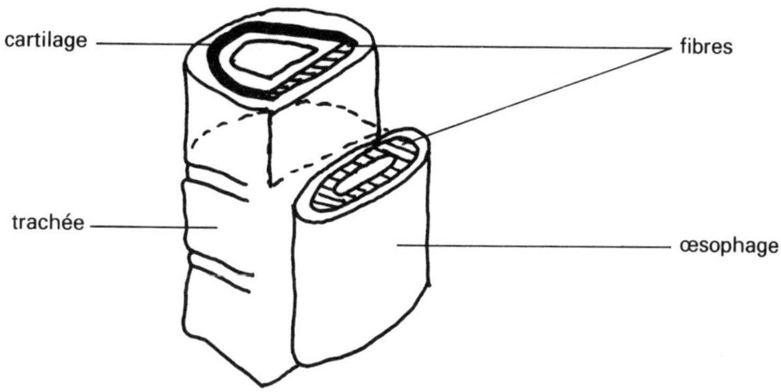

Schéma : Anneaux fiblo-cartilagineux de la trachée artère

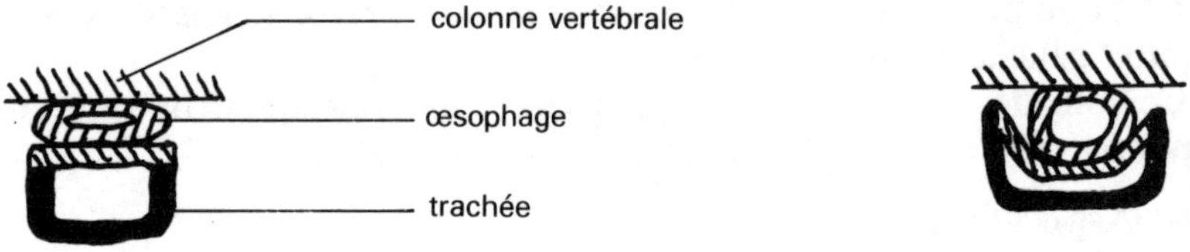

Schéma : Coupe horizontale ; aplatissement de la trachée et dilatation de l'œsophage lors de la déglutition

— **Rôle des anneaux fibro-cartilagineux :**

• la face antérieure, cartilagineuse, (en forme de « U »), assure la rigidité de la trachée ;

• la face postérieure, membraneuse, permet l'aplatissement de la trachée afin d'autoriser la dilatation de l'œsophage lors de la déglutition.

5 — Les bronches

Dans la partie supérieure du thorax (au niveau de la 4e vertèbre dorsale), la trachée se divise en 2 bronches, une pour chaque poumon.

Les bronches sont formées d'anneaux cartilagineux complets. Elles pénètrent dans les poumons par le hile pulmonaire et se ramifient à l'intérieur de ceux-ci pour former un véritable « arbre bronchique ».

— **Ramification des bronches :**

Elle se fait parallèlement aux divisions des cavités pulmonaires afin d'alimenter en air toute la superficie des poumons (bronches lobaires, segmentaires, lobulaires, alvéolaires).

— **Remarques :**

La trachée, et surtout les bronches sont pourvues dans leur paroi de fibres musculaires circulaires qui, en se contractant ou se relâchant, peuvent en faire varier le diamètre et par conséquent, la quantité d'air respiré. Cette broncho-motricité est sous la dépendance du système nerveux végétatif (non volontaire).

B — LES POUMONS

— **Rôle :**

Le rôle des poumons est de réaliser une zone d'échange entre l'air extérieur inhalé et le sang véhiculé par les vaisseaux pulmonaires. L'échange sera d'autant plus efficace que la surface d'échange sera grande et que le débit des fluides (air et sang) de part et d'autre de la membrane sera élevé.

1 — Aspect extérieur

Au nombre de 2 (1 droit et 1 gauche) ils ont une forme de cône, dont la base repose sur le diaphragme.

Le poumon droit divisé en 3 lobes pulmonaires est plus gros que le poumon gauche divisé en 2 lobes.

Ce sont des organes mous, spongieux, mais élastiques. Ils sont enveloppés par une membrane à double feuillet : la plèvre.

2 — Aspect interne

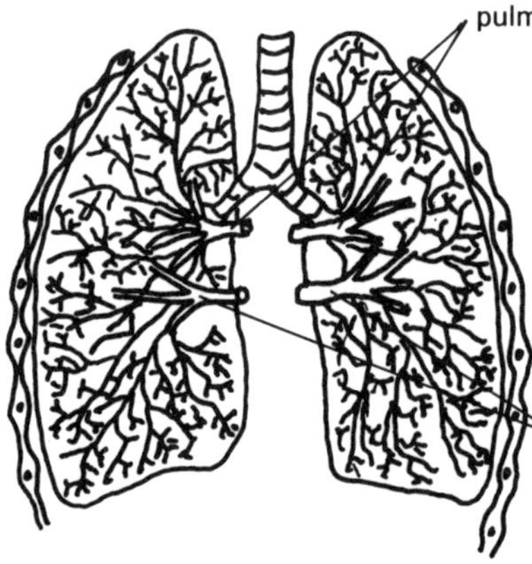

Schéma : Les poumons et la ramification des bronches

Chaque poumon se divise en lobes pulmonaires (3 pour le droit, 2 pour le gauche) puis en segments, lobules et alvéoles pulmonaires.

Chaque bronche souche accompagnée de son artère et de sa veine correspondante va suivre la même subdivision (bronche, lobaire, segmentaire, lobulaire, alvéolaire).

3 — Structure du lobule pulmonaire

Les segments pulmonaires sont divisés en lobules pulmonaires.

Chaque lobule est pénétré par 1 bronchiole (+ 1 veine et 1 artériole) qui se divise en une centaine de bronchioles terminales.

Le lobule ressemble à un « cadre d'abeille ». Il est constitué d'une multitude de petites alvéoles : les alvéoles pulmonaires dans lesquelles vont déboucher les bronchioles terminales avec un capillaire veineux et artériel.

4 — L'alvéole pulmonaire

Les alvéoles pulmonaires sont de très petites cavités de 0,1 à 0,3 mm séparées par des cloisons très minces auxquelles aboutissent des capillaires veineux et artériels formés eux aussi de cloisons très minces, ce qui va favoriser la diffusion des gaz (O_2 et CO_2).

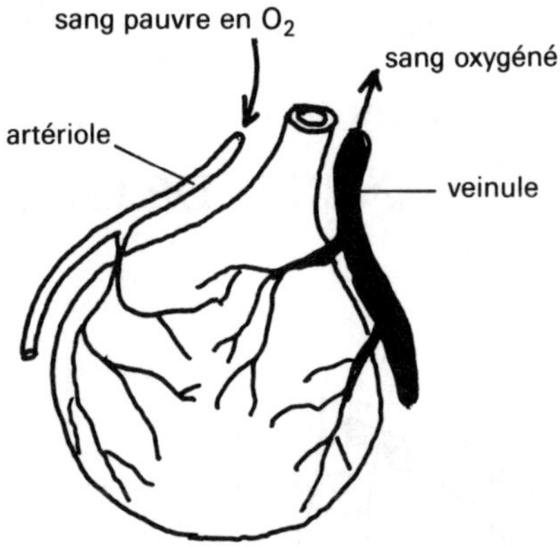

— **Rôle de l'alvéole pulmonaire :**

• c'est donc au niveau de l'alvéole que vont s'effectuer tous les échanges respiratoires dans les poumons (hématose) ;

• nous avons à peu près 700 millions d'alvéoles, ce qui fait une superficie d'échange d'environ 200 m^2 pour les 2 poumons ;

• la minceur des parois, ainsi que la grande superficie d'échange expliquent l'efficacité des échanges pulmonaires.

5 — La plèvre

C'est une membrane séreuse qui enveloppe chaque poumon.

Elle est composée de 2 feuillets :

• 1 feuillet interne (viscéral) qui est adhérent aux poumons ;

• 1 feuillet externe (pariétal) qui est adhérent à la cage thoracique.

Entre les deux feuillets, il y a la cavité pleurale qui est physiquement vide. Du fait de ce vide pleural, toute modification de volume de la cage thoracique entraînera une modification du volume des poumons, puisque les deux feuillets ne peuvent se séparer (la cavité pleurale ne pouvant augmenter de volume puisqu'elle est physiquement vide, d'où aspiration d'un feuillet par rapport à l'autre).

La plèvre secrète du liquide pleural, qui facilite le glissement d'un feuillet par rapport à l'autre.

III — FONCTIONNEMENT MÉCANIQUE DE LA RESPIRATION

La ventilation pulmonaire est assurée par l'alternance des inspirations (entrée de l'air dans les poumons) et des expirations (sortie de l'air des poumons).

Ces mouvements respiratoires sont possibles grâce :

• à la mobilité de la cage thoracique ;

• à l'élasticité pulmonaire ;
• à la plèvre ;
• à l'intervention de certains muscles.

A — ÉLÉMENTS ANNEXES DE L'APPAREIL RESPIRATOIRE

1 — La cage thoracique

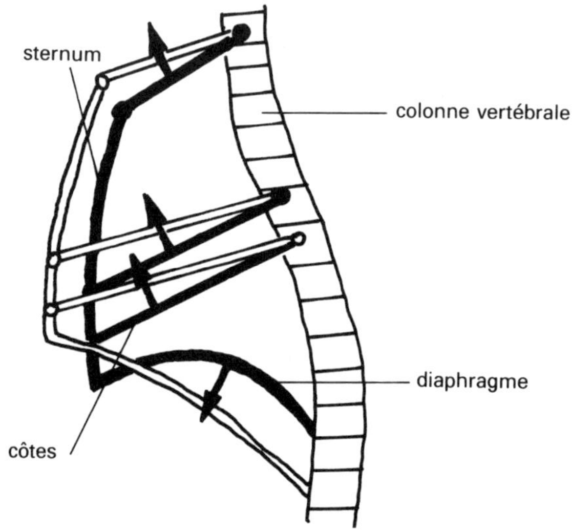

schéma : La cage thoracique ; augmentation de volume lors d'une inspiration

La cage thoracique est une cage osseuse semi-rigide, du fait des articulations des côtes avec le sternum en avant et la colonne vertébrale en arrière.

Cette cage osseuse est fermée en bas par une membrane puissamment musclée : le diaphragme.

Les côtes ne sont pas horizontales, mais inclinées vers le bas, ce qui implique qu'au repos, la cage thoracique se trouve dans une position d'affaissement.

L'élasticité de la cage thoracique permet le relèvement et l'écartement des côtes, qui entraînent une augmentation de volume de la cavité thoracique dans tous les plans.

• à l'horizontalité des côtes correspond le plus grand volume thoracique ;

• à l'oblicité maximale des côtes correspond le plus petit volume thoracique.

2 — Les muscles respiratoires

• **Le diaphragme :** C'est le muscle essentiel de la respiration. Il forme le plancher du thorax. Relâché, il est convexe vers le haut ; contracté, il s'aplatit et repousse les viscères vers le bas de la cavité abdominale.

VENTILATION

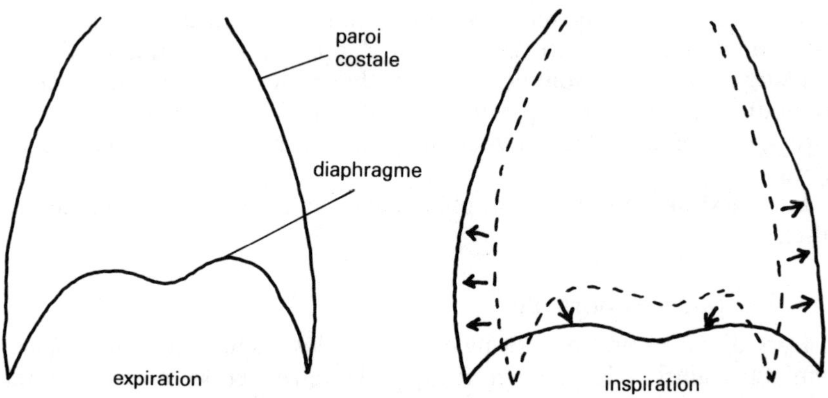

Schéma : Travail du diaphragme
et modification du volume thoracique

• **Muscles intervenant lors d'une inspiration normale :**

— les muscles scalènes tendus des vertèbres cervicales à la partie supérieure de la cage thoracique ;
— les muscles intercostaux qui comblent les espaces intercostaux ;
— les muscles surcostaux tendus des vertèbres aux côtes.

• **Muscles intervenant dans l'inspiration forcée :**

— le sterno-cléido-mastoïdien ;
— le grand dentelé ;
— le petit dentelé postérieur et supérieur ;
— le petit et grand pectoral.

• **Muscles intervenant lors de l'expiration forcée :**

— le petit dentelé postérieur et inférieur ;
— les muscles abdominaux ;
— le carré des lombes.

B — FONCTIONNEMENT MÉCANIQUE DE L'INSPIRATION ET DE L'EXPIRATION

1 — L'inspiration normale

Lors de l'inspiration, les muscles scalènes, intercostaux et surcostaux, se contractent, redressant et écartant ainsi les côtes, entraînant une augmentation du volume de la cage thoracique dans le sens antéro-postérieur et transversal. En même temps, s'opère la contraction du diaphragme qui s'aplatit créant une augmentation du volume de la cage thoracique dans le sens de la hauteur et provoquant une dépression (aspiration de l'air).

L'augmentation de volume de la cage thoracique entraîne une distension des poumons, grâce à la plèvre, le feuillet pariétal solidaire de la cage thoracique aspirant le feuillet viscéral solidaire des poumons du fait du vide pleural.

L'inspiration normale est un phénomène actif faisant intervenir certains muscles.

2 — L'expiration normale

Lors d'une expiration normale, les muscles respiratoires se relâchent, permettant ainsi à la cage thoracique de retrouver sa position initiale d'affaissement, du fait de la pesanteur et de la rétraction des poumons.

L'affaissement de la cage thoracique et la remontée du diaphragme entraînent une réduction du volume thoracique et une compression permettant l'expulsion de l'air hors des poumons.

L'expiration normale est un phénomène passif dû au relâchement musculaire.

3 — L'inspiration forcée

Lors d'une inspiration forcée, interviennent d'autres muscles respiratoires :

- le sterno-cléido-mastoïdien ;
- le petit et grand pectoral ;
- le grand dentelé ;
- le petit dentelé postérieur et supérieur.

4 — L'expiration forcée

C'est un phénomène actif, faisant intervenir les muscles de la paroi abdominale, qui tirent les côtes vers le bas.

5 — Conclusion

On peut dire que :

- Du fait du vide pleural, les poumons sont solidaires des mouvements de la cage thoracique et inversement.

— L'inspiration est un phénomène actif dû à l'action du diaphragme et des muscles inspirateurs qui tendent à augmenter tous les diamètres de la cage thoracique, créant ainsi un appel d'air.
— L'expiration est un phénomène passif, dû au relâchement des muscles inspirateurs et à la rétraction du tissu pulmonaire qui entraînent un retour passif de la cage thoracique à sa position initiale.
— L'inspiration et l'expiration forcées font intervenir des muscles supplémentaires.
— Pathologiquement, la respiration peut être gravement perturbée par :
• un traumatisme du thorax surtout s'il existe des fractures costales ;
• la disparition du vide pleural, lors d'une plaie ou d'un épanchement ;
• la paralysie des muscles respiratoires, qui peut survenir lors de la poliomyélite.

C — LES VOLUMES RESPIRATOIRES ET LA VENTILATION PULMONAIRE

1 — Les volumes respiratoires

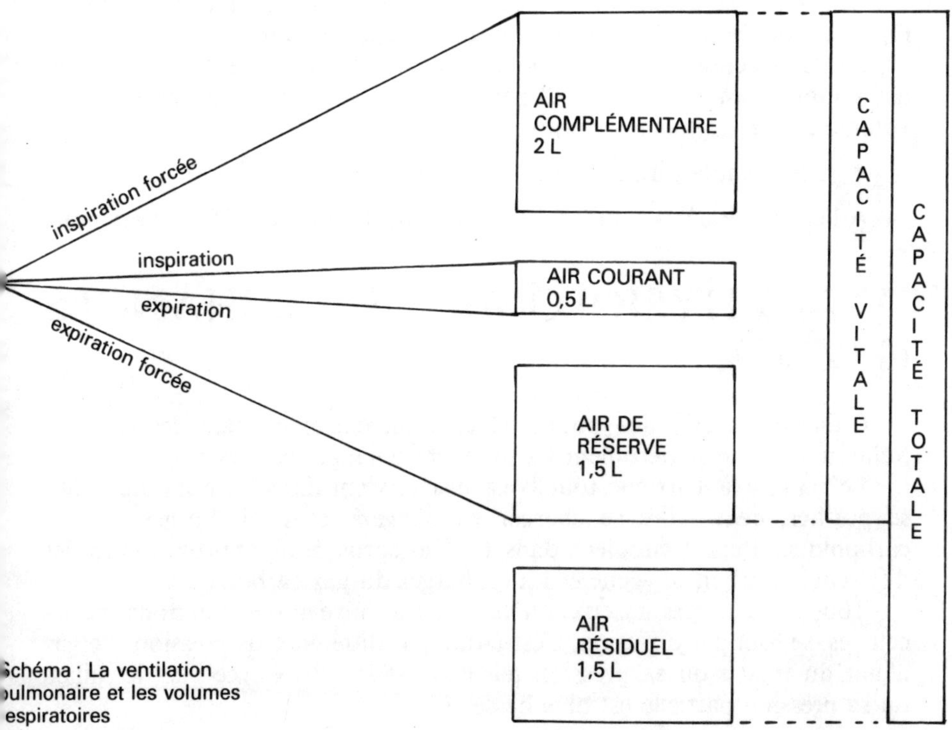

Schéma : La ventilation pulmonaire et les volumes respiratoires

Lors des mouvements respiratoires, différents volumes d'air sont brassés. On distingue :

- Volume d'air courant : c'est le volume d'air inhalé ou expiré lors d'une respiration normale.
- Volume d'air complémentaire ou volume de réserve inspiratoire : c'est le volume d'air inspiré en plus du volume habituel lors d'une inspiration forcée.
- Volume d'air de réserve ou volume de réserve expiratoire : c'est le volume d'air expiré en plus du volume habituel lors d'une expiration forcée.
- Volume d'air résiduel ou volume mort : c'est le volume d'air restant dans les poumons et les voies aériennes supérieures après une expiration forcée.

Les trois premiers volumes forment la capacité vitale et se calculent par la spirométrie. Le dernier volume se calcule par une méthode de mélange gazeux et constitue la capacité totale d'un individu avec les trois autres volumes.

2 — Fréquence respiratoire et débit ventilatoire

La fréquence respiratoire (nombre d'inspiration et d'expiration) au repos, est de l'ordre de 16 à 20 mouvements par minute.

Le débit ventilatoire correspond à la quantité d'air entrant et sortant des poumons en une minute. Il dépend de la fréquence respiratoire et du volume courant, nous avons donc :

- débit ventilatoire $16 \times 0{,}5 = 8$ l/mn

A l'effort, ce débit ventilatoire varie et peut dépasser 115 l à la minute.

IV — PHYSIOLOGIE DES ÉCHANGES GAZEUX

C'est au niveau des poumons et principalement dans les alvéoles pulmonaires que se déroulent les premiers échanges gazeux.

Le sang, ayant irrigué tout l'organisme, vient dans les poumons pour se purifier, c'est-à-dire se charger en oxygène et se décharger du gaz carbonique. Puis il circulera dans tout le corps pour approvisionner les différents tissus en oxygène et les décharger du gaz carbonique.

Tous les échanges gazeux, qu'ils soient au niveau des poumons ou des cellules, se font par diffusion, c'est-à-dire par différence de pression. Le gaz allant du milieu où sa pression partielle est la plus élevée vers le milieu où sa pression partielle est plus basse.

A — Les échanges gazeux

1 — Au niveau des poumons

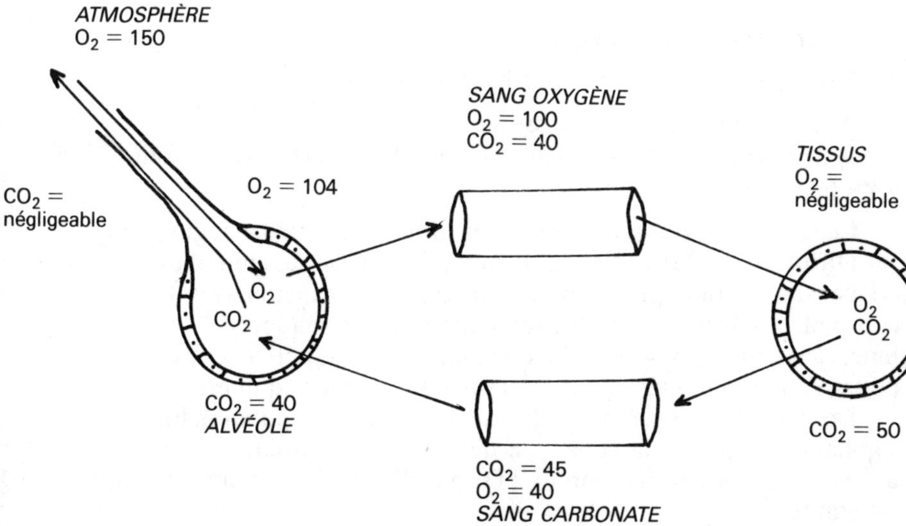

Schéma : Mécanisme des échanges gazeux : la diffusion

Les chiffres ci-contre correspondent à la pression partielle en O_2 et CO_2 exprimée en millimètres de mercure. Ils nous montrent que chaque gaz suit bien le trajet correspondant aux pressions décroissantes.

— **L'air alvéolaire :** les échanges gazeux du sang au niveau des poumons ne se font pas directement avec l'air en circulation, mais avec une atmosphère alvéolaire stagnante, appelée « air alvéolaire ». Le mélange de ce dernier avec l'air pur extérieur inhalé se fait par diffusion, ce qui permet à l'air alvéolaire de garder une composition constante.

— **L'hématose :** par diffusion, l'oxygène de l'air alvéolaire va passer du milieu riche en oxygène que représente l'alvéole (milieu où sa pression partielle est le plus élevée), dans le milieu pauvre en oxygène que représentent les capillaires sanguins (milieu où la pression partielle d'oxygène est la plus basse). Puis l'oxygène sera véhiculé jusqu'aux différentes cellules par le sang.

De la même manière, le gaz carbonique transporté par le sang, va diffuser du milieu riche en gaz carbonique, que représente le capillaire sanguin vers le milieu pauvre en gaz carbonique, que représente l'alvéole pulmonaire, où il sera expulsé vers l'extérieur lors de l'expiration.

2 — Au niveau des cellules

Le même phénomène va se reproduire. L'oxygène va passer par simple diffusion des capillaires sanguins vers les cellules, tandis que le gaz carbonique diffusera les cellules vers les capillaires sanguins.

B — Transport de l'oxygène et du gaz carbonique

1 — Transport de l'oxygène

L'oxygène est transporté par le sang sous deux formes :

- une faible partie sera dissoute dans le plasma ;
- la majeure partie sera véhiculée, combinée aux globules rouges, grâce à un pigment : l'hémoglobine.

Cette association qui est réversible donne de l'oxyhémoglobine.

Diffusion de l'oxygène : la quantité d'oxygène dissoute dans le plasma est constante. Lorsqu'il diffusera du capillaire sanguin vers la cellule, la constante va baisser, ce qui provoquera la dissociation de l'oxyhémoglobine, c'est-à-dire que l'O_2 de l'oxyhémoglobine va quitter cette combinaison pour venir se dissoudre dans le plasma et rétablir l'équilibre.

De même, lorsque l'O_2 diffuse des alvéoles pulmonaires dans les capillaires sanguins, la constante de l'oxygène dissout, va augmenter, ce qui provoquera une fixation de l'O_2 par l'hémoglobine, afin de rétablir la constante.

Il existe donc un équilibre permanent entre les deux formes de transports sanguin de l'O_2, l'une par rapport à l'autre.

2 — Transport du gaz carbonique

Le gaz carbonique est transporté sous trois formes différentes :

- une partie dissoute dans le plasma ;
- une autre combinée aux globules rouges, grâce à l'hémoglobine. Elle forme la carbhémoglobine ;
- la majeure partie sous forme de bicarbonate.

Diffusion du gaz carbonique : Comme pour l'oxygène, il existe un équilibre constant, entre les différentes formes de transport sanguin. Dès que la constante de CO_2 dissoute baisse, le CO_2 va quitter la combinaison carbhémoglobine pour rétablir la constante et inversement.

V — MÉCANISMES NERVEUX DES MOUVEMENTS RESPIRATOIRES

Les centres de commande se trouvent situés dans le cerveau, dans la région bulbaire. Il s'agit d'un centre inspirateur, ce qui rend compte du caractère actif de l'inspiration, et d'un centre pour l'expiration forcée, elle aussi active.

Ces centres fonctionnent automatiquement (exemple : la respiration pendant le sommeil), la volonté n'intervient que pour l'inspiration ou l'expiration forcée.

Ces centres sont automatiques, mais non autonomes. Ils doivent tenir compte de :

- la volonté : la respiration peut-être arrêtée ou accélérée volontairement ;
- des centres digestifs : arrêt de la respiration pendant la déglutition ou les vomissements ;
- des centres psychiques : accélération du rythme respiratoire, lors d'émotions fortes (exemple : frayeur).

Ces centres sont régulés par la teneur du sang en oxygène et en gaz carbonique :

- trop de CO_2 ou une trop faible quantité d'O_2 dans le sang, entraîne une accélération du rythme respiratoire ;
- dans le cas contraire, il y a un ralentissement du rythme respiratoire.

Cette analyse est faite :

- soit directement par les centres eux-mêmes avec le sang qui les irrigue ;
- soit indirectement par des récepteurs chimiques, situés dans la crosse de l'aorte et des carotides, qui envoient les résultats aux centres.

Ces centres fonctionnent en alternance. L'inspiration appelant l'expiration et inversement, grâce à des récepteurs sensibles au degré de distension des alvéoles pulmonaires :

- la distension des alvéoles entraîne l'arrêt de fonctionnement du centre inspiratoire, d'où relâchement des muscles respiratoires entraînant l'expiration ;
- l'affaissement des alvéoles permet la remise en marche du centre inspiratoire, d'où contraction des muscles respiratoires entraînant l'inspiration et ainsi de suite.

OSTÉOLOGIE — ARTHROLOGIE

LES OS

I — CLASSIFICATION DES OS

II — COMPOSITION CHIMIQUE DE LA MATIÈRE OSSEUSE

III — STRUCTURE DES OS

IV — OSSIFICATION ET CROISSANCE DES OS

LE SQUELETTE

I — LE SQUELETTE DE LA TÊTE

II — LE SQUELETTE DU TRONC

III — LE SQUELETTE DES MEMBRES

LES ARTICULATIONS

I — LES ARTICULATIONS IMMOBILES OU SYNARTHROSES

II — LES ARTICULATIONS SEMI-MOBILES OU AMPHIARTHROSES

III — LES ARTICULATIONS MOBILES OU DIARTHROSES

Les os

GÉNÉRALITÉS

L'ostéologie est l'étude des os. Notre squelette est formé de l'assemblage de ces os. Ceux-ci sont les parties rigides de l'organisme et constituent la charpente du corps. On retrouve dans le corps humain différentes formes d'os ; on en distingue trois grandes catégories :

— les os longs ;
— les os plats ;
— les os courts.

I — CLASSIFICATION DES OS

Cette classification est fonction de la proportion de l'os :

— longueur ;
— largeur ;
— épaisseur.

A — LES OS LONGS

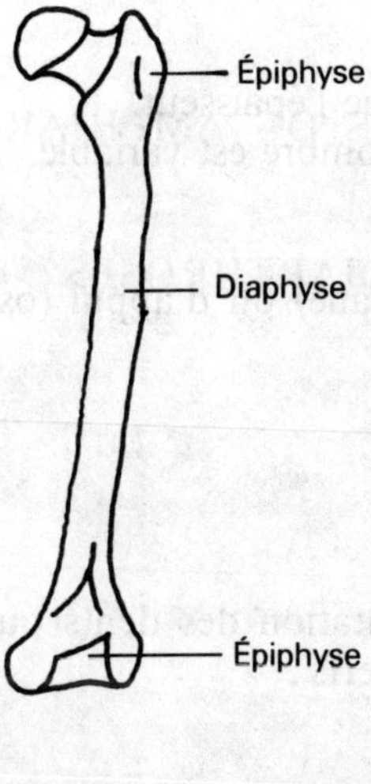

La longueur est la dimension la plus développée.
Ils présentent deux grandes parties :
— le corps de l'os ou DIAPHYSE ;
— 2 têtes ou ÉPIPHYSES.
Ce type d'os se trouve principalement au niveau des membres.
ex : FÉMUR (membre inférieur) ;
HUMÉRUS (membre supérieur).

B — LES OS COURTS

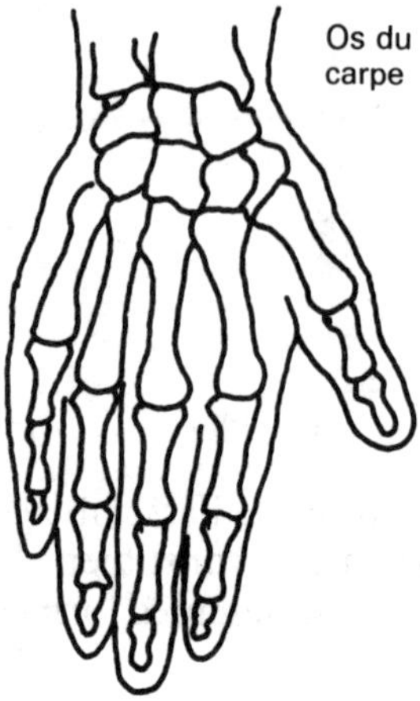

Les trois dimensions de l'os sont à peu près égales.
Ils se présentent souvent sous forme cubique.
Ce type d'os se retrouve principalement au niveau des extrémités des membres :
ex. : Os CARPE ;
Os TARSE ;
Les VERTÈBRES.

C — LES OS PLATS

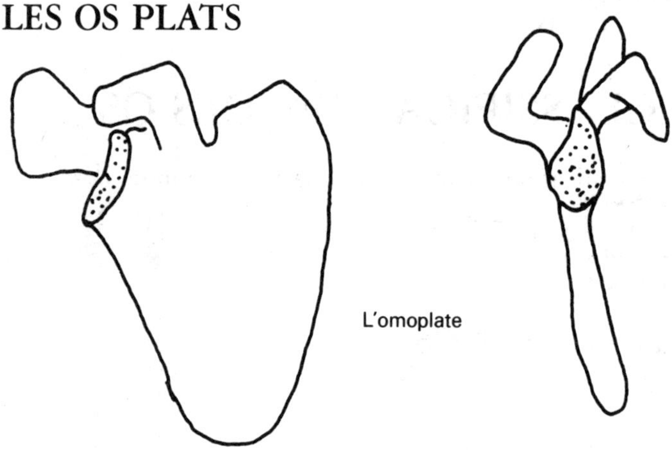

L'omoplate

La largeur et la longueur sont plus développées que l'épaisseur.
Ils présentent deux faces avec des bords dont le nombre est variable.
ex. : OMOPLATE ;
OS DU CRÂNE.
Ils jouent généralement un rôle de protection (crâne) ou d'appui (os iliaque).

D — LE RELIEF OSSEUX

Un os n'est jamais lisse.
Il présente un relief externe, composé soit :
— de CAVITÉS nécessaires par exemple à l'implantation des dents ou encore au passage des vaisseaux sanguins et des nerfs ;

— de SAILLIES (apophyses, tubérosites, lignes, crêtes, épines) qui permettent l'insertion des éléments musculo-tendineux ;
— de DÉPRESSIONS dont le rôle est identique à celui des saillies.

II — COMPOSITION CHIMIQUE DE LA MATIÉRE OSSEUSE

Les os sont constitués de deux substances :
— une substance organique : l'osséine qui compose environ un tiers de l'os ;
— des substances minérales : principalement du calcaire (98 %) et du magnésium (2 %) qui composent les deux tiers restant de la matière osseuse.

III — STRUCTURE DES OS

A — OS LONGS

Un os présente donc une diaphyse et deux épiphyses (cf. I-A). Si on pratique une coupe longitudinale de l'os on distingue différents constituants :

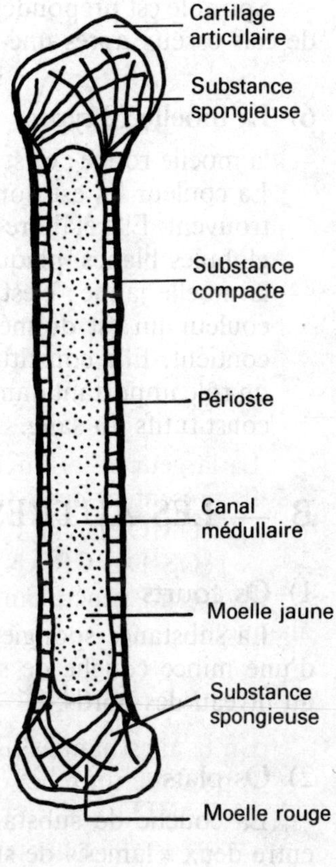

— de la substance compacte ;
— de la substance spongieuse ;
— un canal médullaire ;
— du cartilage articulaire ;
— le périoste ;
— de la moelle.

Nous allons les étudier en précisant leur place et leur rôle.

1) La substance compacte

Elle forme la diaphyse et recouvre les épiphyses d'une mince couche. Au niveau de la diaphyse, elle est creusée d'une cavité appelée canal médullaire.

La substance compacte assure la rigidité de l'os.

2) La substance spongieuse

Elle forme les épiphyses.

Elle est richement vascularisée et contient de la moelle rouge.

La substance spongieuse permet une meilleure répartition des efforts subis par l'os grâce à son architecture en « travées ». Les travées prennent appui sur l'os compact et leur direction se fait suivant les lignes de force auquel est soumis l'os.

3) Le canal médullaire

Il creuse l'os compact au niveau de la diaphyse. Il contient de la moelle jaune. Il permet l'allègement de l'os.

4) Le cartilage articulaire

Il recouvre les surfaces articulaires des épiphyses et facilite le glissement d'un os sur un autre (cf. chapitre des articulations).

5) Le périoste

C'est une membrane qui enveloppe l'os mais qui s'arrête au niveau des cartilages articulaires.

Il contient de nombreux vaisseaux sanguins.

C'est l'élément vital de l'os (il va permettre à l'os de se nourrir).

Son rôle est prépondérant dans la croissance des os et dans la formation de cals osseux après une fracture.

6) La moelle (2 types)

— la moelle rouge : c'est la moelle contenue dans la substance spongieuse. La couleur lui est donnée par les nombreux vaisseaux sanguins qui s'y trouvent. Elle élabore les éléments constitutifs du sang : globules rouges, globules blancs, plaquettes,

— la moelle jaune : c'est la moelle contenue dans le canal médullaire. La couleur lui est donnée par les nombreuses cellules graisseuses qu'elle contient. Elle constitue une réserve lipidique pour l'organisme et joue un rôle important dans la croissance des os et la fabrication des éléments constitutifs du sang.

B — LES AUTRES OS

1) Os courts

La substance spongieuse occupe la totalité de l'os. Elle est recouverte d'une mince couche de substance compacte avec un léger épaississement au niveau des bords.

2) Os plats

La couche de substance spongieuse relativement mince est comprise entre deux « lames » de substance compacte.

IV — OSSIFICATION ET CROISSANCE DES OS

A — OSSIFICATION

Ossification au niveau du poignet.

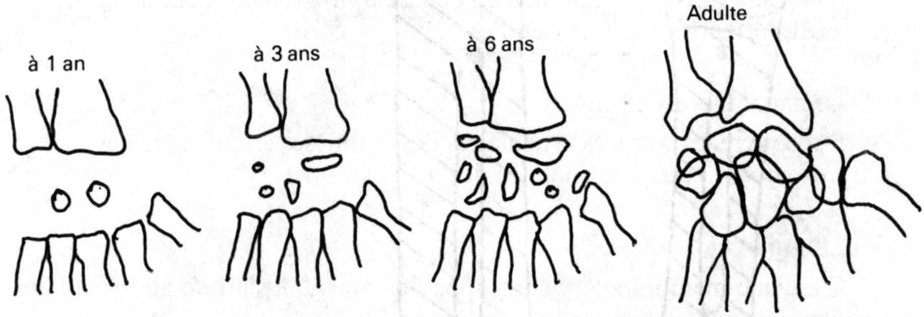

A l'état fœtal, les tissus osseux sont en cartilage. Au fur et à mesure du développement vont apparaître des points d'ossification. Ils apparaissent toujours au même stade du développement et au même endroit pour un même os. Cette ossification n'est pas achevée pour tous les os au moment de la naissance (surtout au niveau des épiphyses). L'ossification se poursuivra avec la croissance de l'enfant.

B — CROISSANCE DES OS

Après ossification, la croissance de l'os se fera environ de la naissance à la vingtième année avec un fort ralentissement après la puberté.

A la naissance, la plus grande partie de la diaphyse et des épiphyses est ossifiée, mais il subsiste deux lames cartilagineuses entre la diaphyse et chaque épiphyse : ce sont les cartilages de conjugaison qui vont jouer un rôle fondamental dans la croissance de l'os.

Cette croissance se fera harmonieusement en longueur et en épaisseur.

1) En longueur

La croissance en longueur se fait grâce aux cartilages de conjugaison par un double mécanisme. Le cartilage de conjugaison va produire du nouveau cartilage, ce qui entraîne une augmentation de l'os en longueur ; ce cartilage nouvellement formé va s'ossifier et assurer la solidité de l'os.

Ces cartilages de conjugaison disparaissent lorsque l'os a fini son développement.

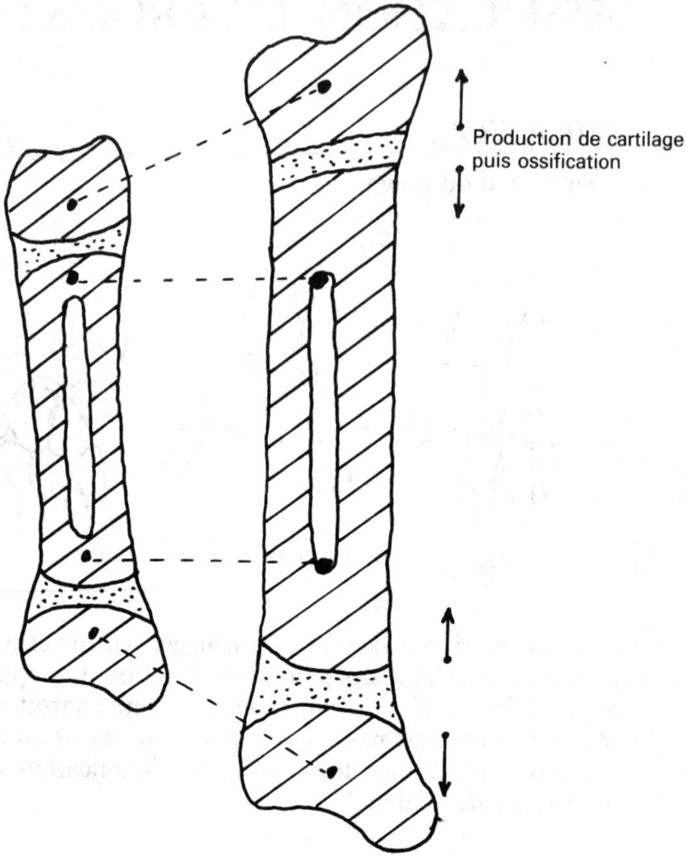

Mécanisme de la croissance en longueur :

Production de cartilage nouveau ⟶ augmentation de la longueur de l'os

Ossification ⟶ solidification de l'os

2) En épaisseur

La croissance en épaisseur s'effectue grâce au périoste, par un double mécanisme :
la face interne du périoste (adhérente à l'os) va produire de l'os, ce qui entraîne une augmentation de l'os en épaisseur, d'autre part des cellules spécialisées (les ostéoclastes) contenues dans la moelle jaune du canal médullaire vont détruire de l'os, ce qui entraîne un élargissement du canal médullaire mais surtout un allègement de l'os.

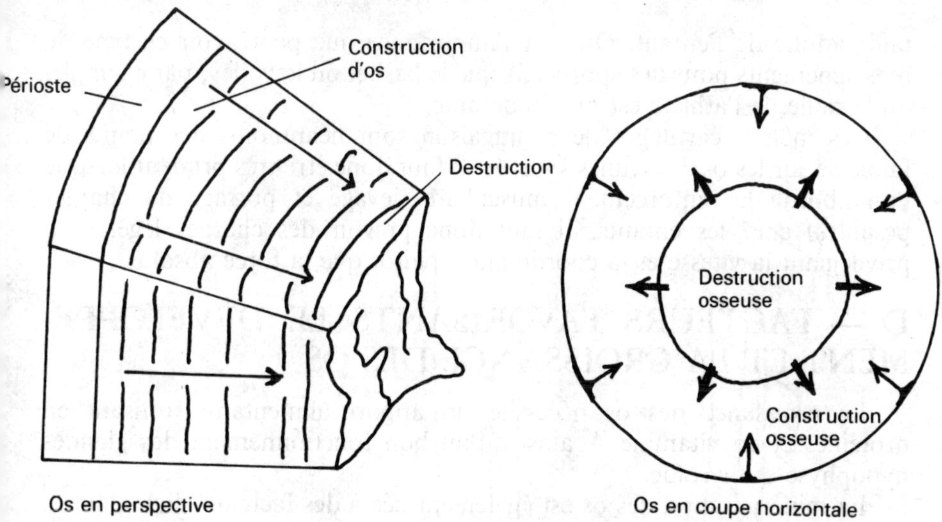

Mécanisme de la croissance en épaisseur :

Production de l'os par le périoste ⟶ Augmentation de l'épaisseur de l'os

Destruction d'os par les octéoclastes ⟶ Allègement de l'os

Remarque :

Dès que le canal médullaire a atteint sa taille définitive, les ostéoclastes disparaissent.

Par contre, l'activité du périoste se poursuit pendant toute la vie, ce qui permet la guérison des fractures. Cette activité se ralentit progressivement avec l'âge.

C — IMPORTANCE DES CARTILAGES DE CROISSANCE

D'un point de vue pratique, les cartilages de conjugaison ont un double rôle important pour l'entraineur :

— dans la détection de plus en plus précoce des jeunes talents ;
— dans l'entraînement proprement dit des jeunes athlètes.

Actuellement, la détection sportive tente d'être de plus en plus précise et se fait de plus en plus tôt. Un des procédés couramment employé est la radiographie du poignet gauche sur laquelle apparaissent les cartilages de conjugaison. Au vu des cartilages, les médecins sont capables de déterminer l'âge osseux, et ainsi de prévoir à quelques centimètres près la taille adulte de l'enfant. On voit l'importance que peut avoir ce type de renseignements pour des sports tels que le basket ou le volley, par exemple, où la taille de l'athlète est prépondérante.

Ces mêmes cartilages de conjugaison sont néanmoins des points de faiblesse sur les os des jeunes sportifs. Il faut donc être très prudent lorsque l'on aborde le renforcement musculaire (levage et portage de charges pesantes) chez les enfants. Il faut donc prévoir des charges légères en privilégiant la vitesse et la coordination plutôt que la force absolue.

D — FACTEURS FAVORISANTS LE DÉVELOPPEMENT ET LA CROISSANCE DES OS

La croissance des os nécessite un apport alimentaire suffisant en protéines et en vitamine A ainsi qu'un bon fonctionnement des glandes hypophyse et thyroïde.

La minéralisation des os est également liée à des facteurs alimentaires : apport en phosphore, calcium et vitamine D ainsi qu'un bon fonctionnement glandulaire (thyroïde et parathyroïde).

Le squelette

GÉNÉRALITÉS

Le squelette, véritable charpente de l'organisme, est formé par l'assemblage des différents os. Le squelette de l'homme adulte est constitué de 200 os (non compris les os de l'oreille interne, les os wormiens) et peut être divisé en trois grandes parties : — la tête,
— le tronc,
— les membres.

I — LE SQUELETTE DE LA TÊTE

Il comprend deux parties : le crâne et la face.

A — LE CRÂNE

Il constitue la boîte crânienne renfermant l'encéphale. Il est formé de 8 os :

- le frontal qui forme le front ;
- l'occipital qui forme l'occiput. Il est percé d'un orifice qui permet le passage du bulbe rachidien établissant ainsi la liaison entre l'encéphale et la moelle épinière ;
- les deux temporaux qui forment les tempes ;
- les deux pariétaux ;
- le sphénoïde ;
- l'éthmoïde.

Ces os sont unis entre eux par des articulations immobiles.

B — LA FACE

Elle est constituée des mâchoires supérieures et inférieures, et caractérisée par :

- les orbites abritant les yeux ;
- les fosses nasales, siège de l'odorat et point de départ de l'appareil respiratoire ;
- la cavité buccale, siège du goût et point de départ de l'appareil digestif.

Elle comprend 14 os répartis comme suit :

- maxillaire inférieur : 1 seul os,
- maxillaire supérieur : 13 os soudés entre eux.

II — LE SQUELETTE DU TRONC

Il comprend la colonne vertébrale et la cage thoracique.

A — LA COLONNE VERTÉBRALE OU RACHIS

La colonne vertébrale est une longue tige osseuse (environ 75 cm) résistante et flexible dans tous les sens. Elle s'étend de la tête qu'elle supporte au bassin qui la soutient et protège la moelle épinière contenue dans le canal rachidien.

Elle est formée par l'empilage de 33 à 35 vertèbres qui sont séparées par des disques souples fibro-cartilagineux.

1) Les régions vertébrales

Le rachis se divise en 5 régions où les vertèbres diffèrent tant en nombre qu'en forme.

Il présente aussi des courbures dans le sens antéro-postérieur afin d'augmenter la résistance du rachis aux efforts de compression axiale.

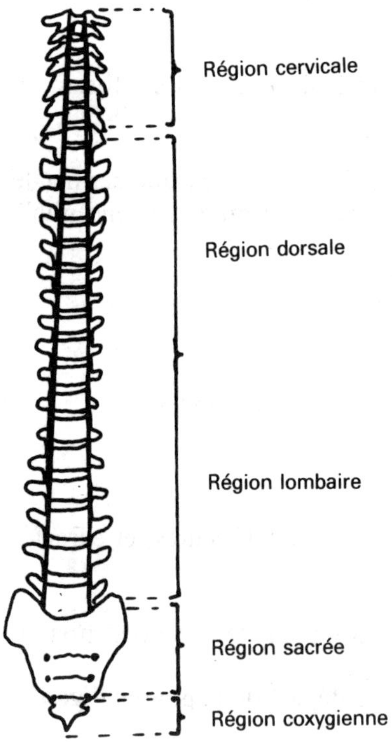

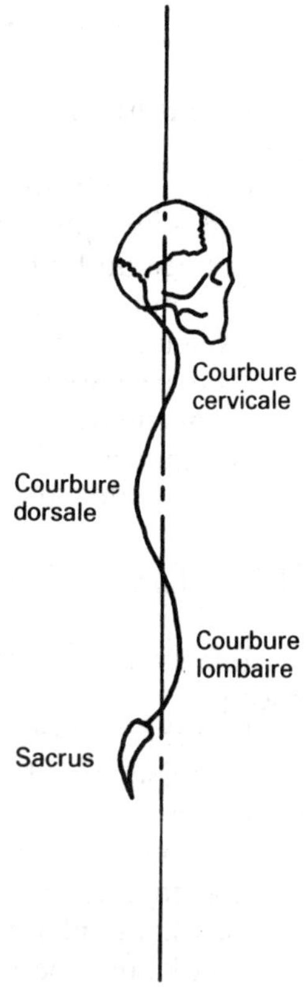

On distingue :
— La région cervicale formée de 7 vertèbres. Elle est convexe en avant.
— La région dorsale formée de 12 vertèbres. Elle est concave en avant (cyphose dorsale).
— La région lombaire formée de 5 vertèbres. Elle est concave en avant (lordose lombaire).
— La région sacrée formée de 5 vertèbres soudées entre elles. Elle est concave en avant.
— La région coxygienne formée de 4 à 6 vertèbres soudées entre elles.

2) Caractères généraux des vertèbres

Chaque vertèbre est constituée par :
— un corps vertébral : c'est la partie antérieure de la vertèbre. Elle a une forme cylindrique dont les faces supérieure et inférieure sont séparées des vertèbres voisines par un disque intervertébral. C'est la partie porteuse de la vertèbre.
— Un arc osseux ou arc neural implanté sur la partie postérieure du corps. Il a une forme de fer à cheval et délimite un orifice : le trou rachidien. C'est la succession des différents trous rachidiens qui forment le canal rachidien renfermant la moelle épinière.

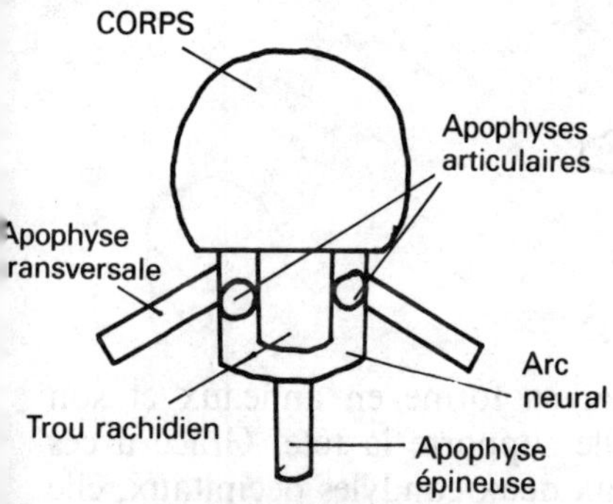

VUE DE DESSUS

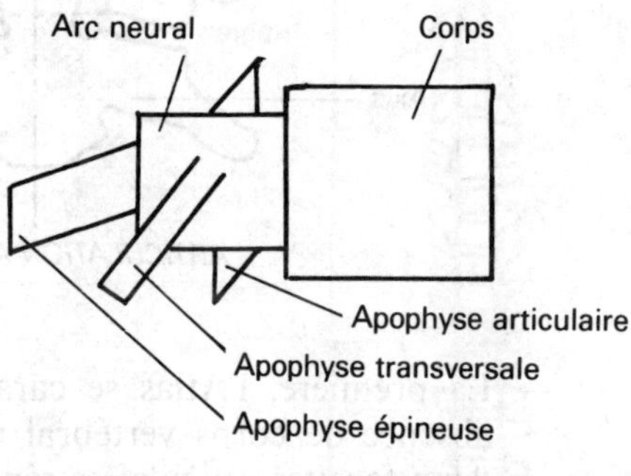

VUE LATÉRALE

Il supporte plusieurs apophyses :
— une saillie postérieure : l'apophyse épineuse qui forme l'épine dorsale ;
— deux saillies transversales : les apophyses transverses qui s'articulent avec les côtes au niveau dorsal ;
— quatre saillies verticales : les apophyses articulaires qui permettent l'articulation de l'arc neural avec celui des vertèbres voisines.
Au niveau de ces différentes apophyses viennent s'insérer des muscles.

Remarque :
En fonction de la région à laquelle appartient la vertèbre, on trouve de petites variations de la forme des différents constituants ci-dessus.

3) Atlas-Axis

Ce sont les deux premières vertèbres cervicales. De par leur forme assez caractéristique, elles méritent d'être étudiées plus attentivement.

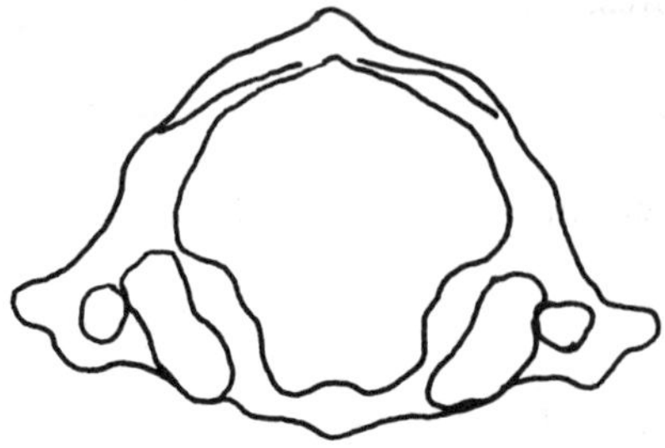

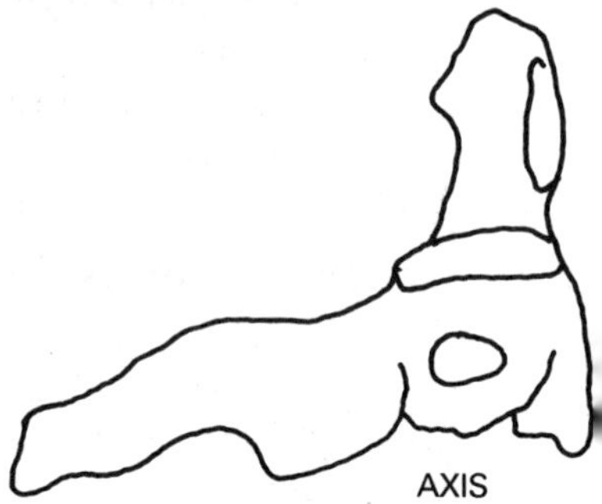

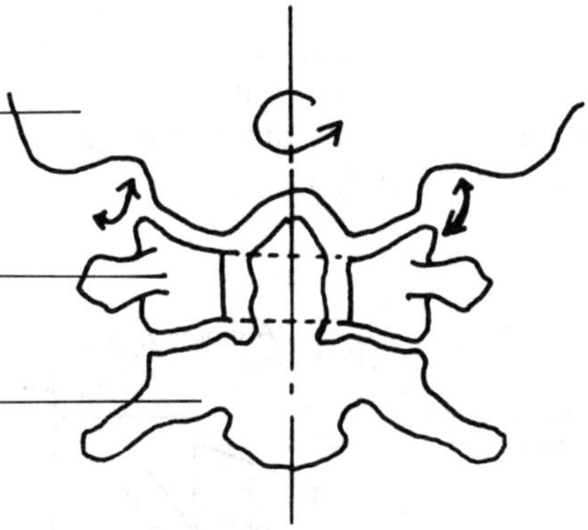

ARTICULATION ATLAS AXIS

— La première, l'Atlas se caractérise par sa forme en anneaux et son absence de corps vertébral massif. Elle supporte la tête. Grâce à ces deux facettes articulaires répondant aux deux condyles occipitaux, elle permet le basculement du crâne d'avant en arrière.

— La seconde, l'Axis, se caractérise par la présence d'une apophyse verticale en forme de doigt (apophyse ondotoïde) surmontant le corps vertébral. Cette apophyse pénètre dans le trou vertébral de l'Atlas avec laquelle elle s'articule, autorisant ainsi la rotation de la tête de droite à gauche.

4) Le disque intervertébral

Il sépare deux corps vertébraux.

Il est formé de deux parties :

— une partie périphérique : l'annulus fibrosus qui est un anneau fibreux constitué de couches fibreuses concentriques (comme des pelures d'oignons) ;

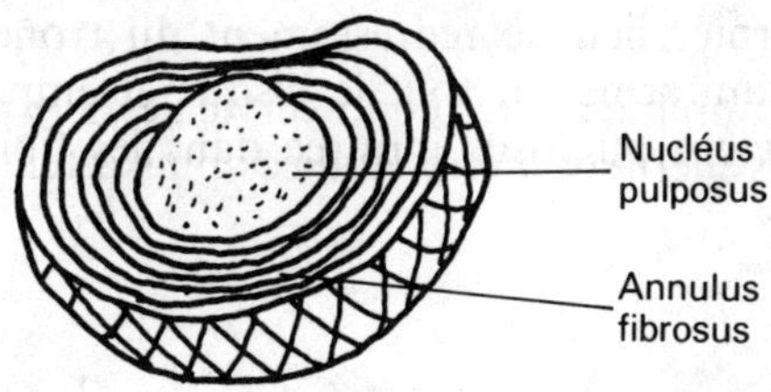

— une partie centrale : le nucléus pulposus qui est un noyau gélatineux contenant 88 % d'eau.

Le noyau emprisonné dans l'annulus fibrosus agit comme un ballon ; rempli d'eau, pris entre deux plans, il est déformable mais incompressible. En association avec les couches de fibres élastiques et étanches de l'annulus fibrosus, il permet une meilleure répartition des efforts et sert d'amortisseur fibro-hydrolique.

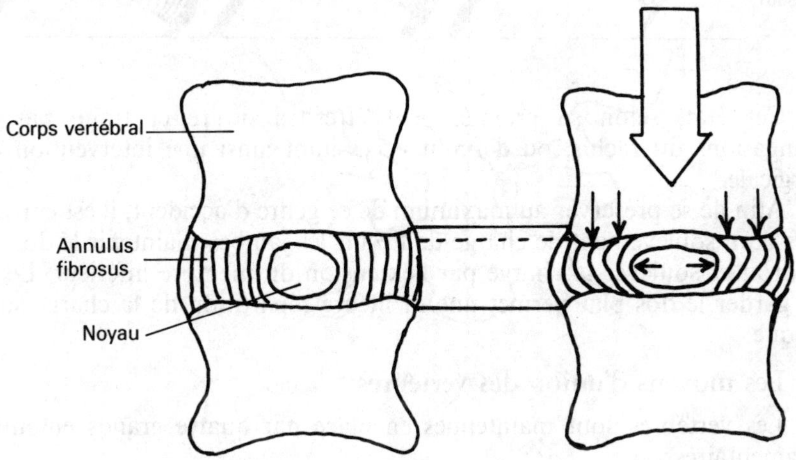

Remarque :

Qu'est-ce qu'une hernie discale ?

En général elle ne peut se produire que si le disque a déjà été détérioré par des micro-traumastismes répétés, impliquant ainsi une dégénérescence des couches de fibres concentriques (elles perdent leur étanchéité). L'hernie discale survient généralement lors d'un effort de soulèvement d'une charge, tronc incliné vers l'avant.

a) Dans un premier temps, la flexion en avant du tronc pince le disque intervertébral sur l'avant chassant le nucléus pulposus vers l'arrière.

b) Dans un deuxième temps, au début de l'effort de soulèvement, le nucléus pulposus va s'infiltrer vers l'arrière du disque (jusqu'au ligament commun postérieur) du fait de l'augmentation de pression sur l'avant de la vertèbre.

c) Enfin en dernier lieu, le redressement du tronc étant complet, la pression redevient uniforme sur tout le disque et empêche ainsi le retour de la partie du nucléus pulposus infiltrée dans les fibres. C'est alors que survient la douleur.

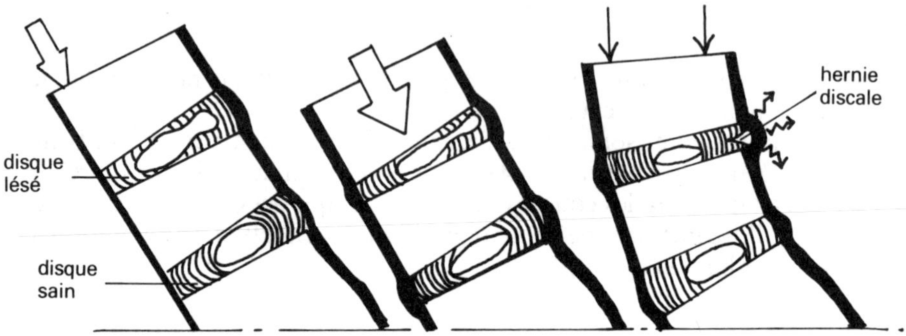

Cet état, selon sa gravité, peut être transitoire et traité par des élongations du rachis, ou définitif nécessitant ainsi une intervention chirurgicale.

Afin de se préserver au maximum de ce genre d'accident, il est conseillé lors d'un soulèvement de charge de fléchir les jambes maintenir le dos plat et droit et soulever la charge par l'extension du membre inférieur. Le fait de garder le dos plat permet une meilleure répartition de la charge sur le disque.

5) Les moyens d'union des vertèbres

Les vertèbres sont maintenues en place par quatre grands ensembles ligamentaires :

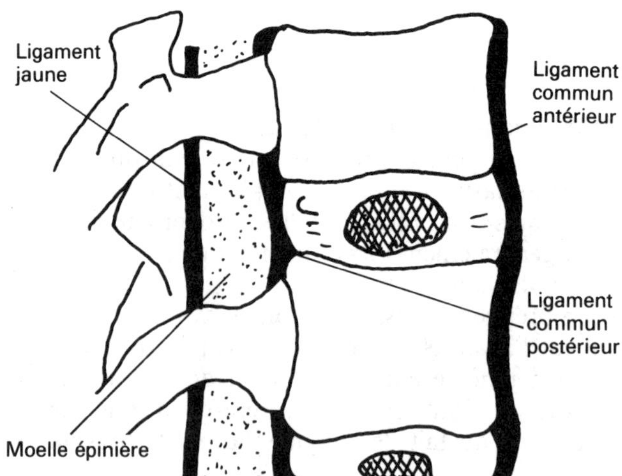

— Le ligament commun antérieur qui s'étend sur toute la face antérieure de la colonne vertébrale. Il est adhérent aux corps et aux disques vertébraux.
— Le ligament commun postérieur qui s'étend sur toute la face postérieure de la colonne vertébrale. Il adhère lui aussi aux corps et aux disques vertébraux.
— Le ligament jaune qui unit les lames des arcs neuraux. Il s'étend également tout le long du rachis.
— Des ligaments interépineux tendus entre les différentes apophyses.

B — LA CAGE THORACIQUE

Elle est formée de : — 12 paires de côtes,
— le sternum,
— les cartilages sterno-costaux,
— les 12 vertèbres dorsales.

Les côtes sont des os en forme d'arc qui s'articulent en arrière avec les corps vertébraux et les apophyses transverses, et en avant avec le sternum.

— Les 7 premières côtes (vraies côtes) s'articulent avec le sternum par l'intermédiaire d'un cartilage.
— Les 3 suivantes (fausses côtes) sont reliées à la septième côte et au sternum par un cartilage commun.
— Les 2 dernières (côtes flottantes) sont libres.

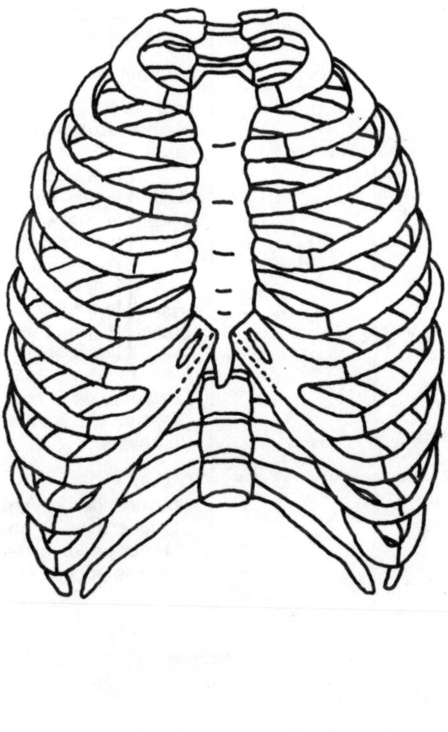

La cage thoracique forme une cage osseuse rigide mais élastique grâce aux articulations costo-vertébrales sur l'arrière et sterno-costales en avant.

Au repos (fin expiration) les côtes sont inclinées vers le bas et l'avant donnant à la cage thoracique une position d'affaissement. Nous verrons dans le chapitre réservé à la respiration l'importance de la cage thoracique.

III — LE SQUELETTE DES MEMBRES

Chaque membre est uni au tronc par un groupe de plusieurs os appelé ceinture :
— la ceinture scapulaire pour le membre supérieur,
— la ceinture pelvienne pour le membre inférieur.

On peut faire un parallèle entre le membre supérieur et inférieur qui sont construits suivant un même plan.

Le tableau ci-après nous le montre.

	MEMBRE SUPÉRIEUR	MEMBRE INFÉRIEUR
Ceinture	*C. scapulaire* formée de 2 os omoplate + clavicule	*C. Pelvienne* formée de 2 os iliaques et le sacrum
1re partie	*Bras* formé d'un seul os l'humérus	*Cuisse* formée d'un seul os le fémur qui est l'os le plus long du corps
2e partie	*L'avant-bras* formé de 2 os - le cubitus - le radius	*La jambe* formée de 2 os + 1 le tibia le péroné + la rotule
3e partie	*La main* *Le poignet* formé des 8 os du carpe rangée du haut { le scaphoïde, le semi-lunaire, le pyramidal, le pisiforme rangée du bas { le trapèze, le trapézoïde, le grand os, l'os crochu *La paume de la main* formée de 5 métacarpiens *Les doigts* formés de 14 phalanges avec 3 phalanges par doigt sauf pour le pouce (2)	*Le pied* *Le cou du pied* + talon formé des 7 os du tarse en arrière { le calcanéum, l'astragale en avant { le scaphoïde, le cuboïde, les trois cunéïformes *La plante du pied* formée de 5 métatarsiens *Les orteils* formés de 14 phalanges avec 3 phalanges par orteil sauf pour le gros orteil (2)

Suite à ce tableau il est bon de noter certaines différences importantes :

- Le membre inférieur est plus long et plus robuste que le membre supérieur.
- L'omoplate ne possède aucune articulation avec le tronc alors que le bassin est solidement fixé au sacrum.
- Le membre supérieur est plus mobile que le membre inférieur.
- Le cubitus s'articule surtout avec l'humérus et forme la pointe du coude avec l'olécrane. Le radius s'articule principalement avec les os du carpe, formant le poignet. Il permet la rotation de la main en tournant autour du cubitus. Au niveau du membre inférieur, rien de semblable. Le tibia prédomine aux deux extrémités ; en haut il s'articule avec le fémur, en bas avec l'astragale.
- Les os du carpe sont égaux alors que ceux du tarse ne le sont pas. Le plus développé, le calcanéum, forme l'os du talon. L'astragale en s'articulant avec le tibia et le péroné forme la cheville.
- Le pouce peut s'opposer à tous les doigts de la main ce qui n'est pas le cas du gros orteil.

En conclusion

- Le membre supérieur très mobile, pourvu d'un pouce, est adapté à la préhension.
- Le membre inférieur plus solide, pourvu d'un talon, est adapté à la locomotion.

Voir schéma ci-après.

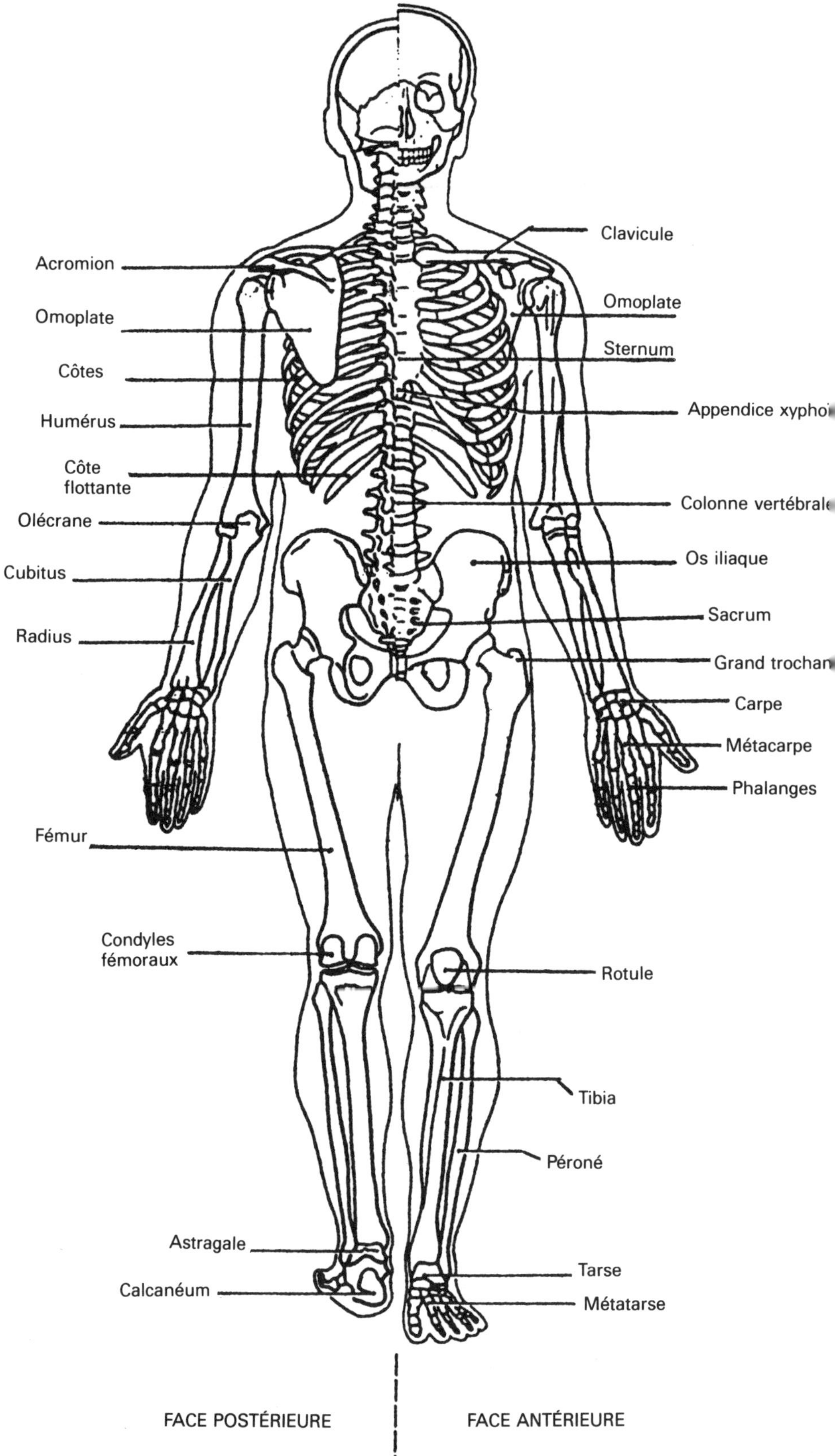
Clavicule
Acromion
Omoplate
Omoplate
Sternum
Côtes
Appendice xyphoï
Humérus
Côte flottante
Colonne vertébrale
Olécrane
Os iliaque
Cubitus
Sacrum
Radius
Grand trochan
Carpe
Métacarpe
Phalanges
Fémur
Condyles fémoraux
Rotule
Tibia
Péroné
Astragale
Tarse
Calcanéum
Métatarse
FACE POSTÉRIEURE
FACE ANTÉRIEURE

Les articulations

GÉNÉRALITÉS

Les différentes pièces osseuses du squelette sont unies entre elles par des articulations. Leur rôle est de maintenir les os en présence les uns des autres ou de permettre leur déplacement. En fonction de l'amplitude du déplacement, on classe les articulations en trois catégories.

I — LES ARTICULATIONS IMMOBILES OU SYNARTHROSES

Ce sont des articulations sans mobilité, il y a simplement suture entre les os par l'intermédiaire d'une couche de tissus fibreux.

Ex. : les os du crâne et de la face.

II — LES ARTICULATIONS SEMI-MOBILES OU AMPHIARTHROSES

Ce sont des articulations peu mobiles dans lesquelles les surfaces osseuses en présence, recouvertes de cartilage, sont unies par un ligament interosseux et des ligaments périphériques.

Ex. : articulation des corps vertébraux entre eux.
La symphyse pubienne.

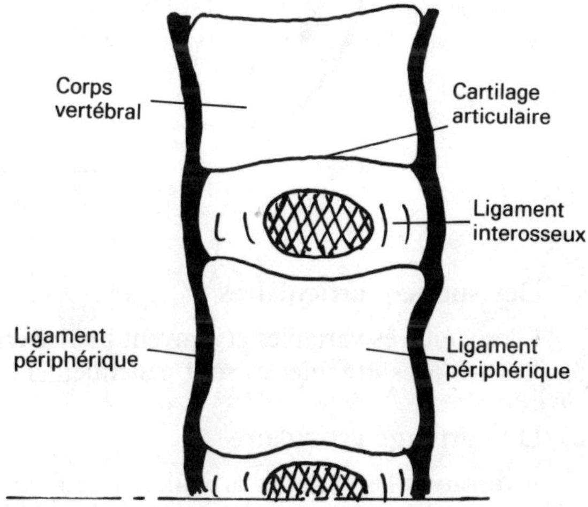

Remarque :

Si la colonne vertébrale est mobile, c'est grâce à l'empilage des différentes vertèbres, car l'articulation entre deux corps vertébraux est peu mobile.

III — LES ARTICULATIONS MOBILES OU DIARTHROSES

C'est le type d'articulation le plus complet et le plus mobile. Il comporte un certain nombre d'éléments constitutifs que l'on retrouve dans toutes les diarthroses.

A — STRUCTURE D'UNE DIARTHROSE

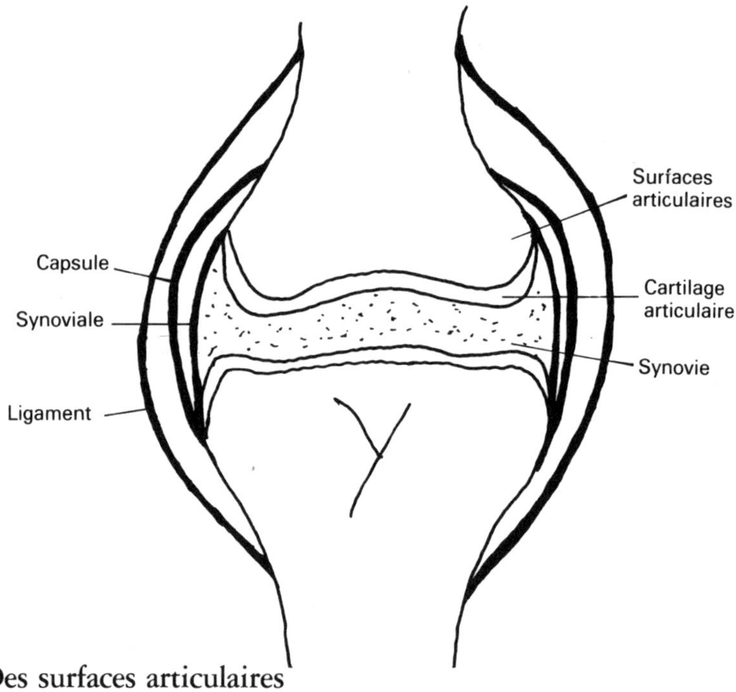

1) Des surfaces articulaires

Elles sont très variables et peuvent mettre en présence deux ou plusieurs os. Les surfaces articulaires sont généralement inversement conformées.

2) Du cartilage articulaire

Il recouvre les surfaces articulaires et facilite le glissement d'un os par rapport à l'autre. Son étendue est fonction de l'amplitude des mouvements de l'articulation et son épaisseur est proportionnelle aux pressions subies.

3) Des moyens d'unions

Ils maintiennent les deux os en place tout en permettant leur mobilité. Ils sont de deux types :
- la capsule est un manchon fibreux élastique et résistant, qui s'insère sur tout le pourtour de l'articulation ;
- les ligaments sont des cordes fibreuses tendues d'un os à l'autre renforçant l'action de contention de la capsule.

4) Des moyens de glissements

Constitués par la membrane synoviale. Elle s'insère au bord des cartilages articulaires et tapisse la face interne de la capsule (comme une doublure). Elle rend la cavité articulaire étanche.

La membrane synoviale secrète un liquide (la synovie) à l'intérieur de l'articulation qui joue un rôle de lubrifiant facilitant ainsi le glissement des surfaces articulaires.

Dans certaines diarthroses, on peut trouver un dernier élément, c'est :

5) Les facteurs de coaptation

Dans un certain nombre d'articulations, les surfaces articulaires ne s'adaptent pas parfaitement. L'augmentation des surfaces articulaires, et la concordance de celles-ci sont alors rétablies par des dispositifs fibro-cartilagineux qui peuvent être :

soit marginaux : les bourrelets,
soit interarticulaires : les ménisques.

- *Les bourrelets* sont des anneaux implantés sur le pourtour d'une surface articulaire afin d'en augmenter l'étendue et la profondeur.
  Ex. : le bourrelet glénoïdien de l'omoplate facilitant l'articulation avec la tête humérale.
- *Les ménisques* sont des anneaux ou demi-anneaux qui s'interposent entre deux surfaces articulaires. Ils ont le même rôle que les bourrelets.
  Ex. : les ménisques du genou assurant la concordance des surfaces articulaires entre le tibia et le fémur.

B — LES DIFFÉRENTS TYPES DE MOUVEMENTS ARTICULAIRES

1) La flexion

Elle rapproche l'un de l'autre deux leviers osseux. Elle se produit autour d'un axe transversal. Pour l'épaule, on parlera d'antépulsion plutôt que de flexion.

2) L'extension

Mouvement qui éloigne l'un de l'autre deux leviers osseux. Elle se produit autour du même axe que la flexion. Pour l'épaule, on parlera de rétropulsion.

3) L'abduction

Mouvement qui éloigne le levier mobile de l'axe vertical du corps.
L'abduction se fait dans un plan perpendiculaire à la flexion, extension.

4) L'adduction

Mouvement inverse de l'abduction.

5) La rotation

Dans ce mouvement l'os tourne autour d'un axe vertical, soit vers l'intérieur soit vers l'extérieur.

6) La circumduction

C'est un mouvement de rotation exécuté par la partie inférieure d'un os.

Ex. : faire des cercles avec les bras.

7) Les glissements

Ce sont des mouvements de faible amplitude où deux surfaces articulaires glissent l'une sur l'autre.

C — CLASSIFICATION DES DIARTHROSES

En fonction de la forme des surfaces articulaires en présence, les types de mouvements d'une articulation sont plus ou moins nombreux. On peut ainsi classer les diarthroses en 6 catégories en fonction de leur mobilité.

1) Les énarthroses

Ce sont des articulations qui unissent deux segments de sphère ; l'un plein, l'autre creux.

C'est la plus mobile des diarthroses.

Les mouvements permis sont :
— abduction, adduction,
— flexion, extension,
— rotation interne et externe,
— circumduction.

Exemples d'énarthroses :
— l'articulation scapulo-humérale,
— l'articulation coxo-fémorale
— l'articulation huméro-radiale

2) Les condyliennes

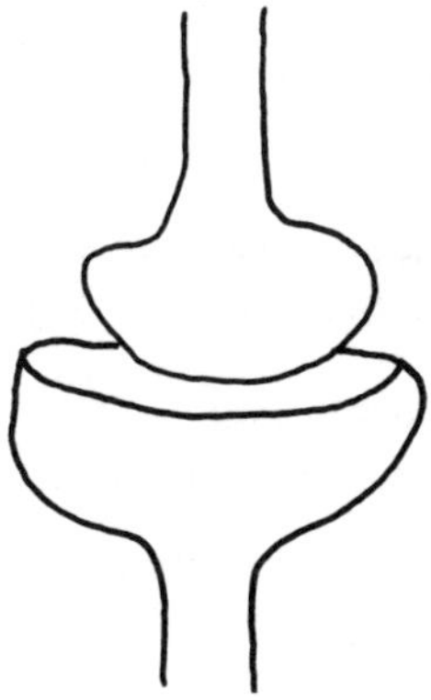

Elles opposent deux condyles.
Les mouvements autorisés sont :
— flexion, extension,
— adduction, abduction.
Exemples de condyliennes :
— l'articulation radio-carpienne,
— l'articulation fémoro-tibiale,
— l'articulation métacarpo-phalangienne.

3) **Articulations en selle ou par emboîtement réciproque**

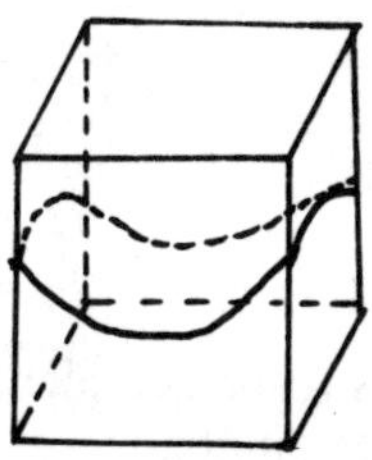

Chaque surface est concave dans un sens et convexe dans l'autre. Elles s'emboîtent à la façon d'un cavalier sur sa selle.
Les mouvements autorisés sont :
— flexion, extension,
— abduction, adduction,
— circumduction.

Exemples d'articulations en selle :
— l'articulation du pouce,
— l'articulation sterno-costo-claviculaire.

4) Les trochléennes

L'une des surfaces articulaires est en forme de poulie avec une gorge et deux versants, l'autre comporte une crête qui s'enroule autour de la poulie.
Les mouvements autorisés sont :
— flexion, extension.

Exemples de trochléennes :
— l'articulation fémoro-rotulienne,
— l'articulation huméro-cubitale,
— l'articulation tibio-tarsienne,
— l'articulation interphalangienne.

5) Les trochoïdes

L'une des surfaces articulaires forme un cylindre plein tournant à l'intérieur d'un segment de cylindre creux.
Les mouvements autorisés sont :
— Rotation axiale (interne ou externe).

Exemples de trochoïdes :
— L'articulation radio-cubitale.

6) Les arthrodies

Ce sont des articulations à surface plane.
Les mouvements autorisés sont :
— Glissements de faible étendue.

Exemples d'arthrodies :
— L'articulation des apophyses articulaires.
— L'articulation des vertèbres entre elles.
— L'articulation acromio-claviculaire.

2

SCIENCES HUMAINES

L'ACTE MOTEUR

I — Caractéristiques de l'acte moteur
II — L'acte moteur selon le niveau de pratique
III — L'acte moteur selon l'activité pratiquée
IV — Le progrès moteur
V — Les conditions du progrès moteur
VI — Les progrès du débutant
VII — Les progrès du non-débutant
VIII — Le rôle de l'éducateur sportif

PRÉAMBULE

Si depuis fort longtemps on s'intéresse à l'acte moteur en tant que phénomène observable, c'est-à-dire aux aspects techniques et biomécaniques du geste, ce n'est que depuis peu que les recherches se sont orientées vers l'étude des mécanismes qui entourent le geste. Or ces mécanismes sont généralement ignorés des pratiquants même de haut niveau. Un pongiste par exemple ignore ce qu'il regarde lorsqu'il joue et si on le lui révèle, il est souvent surpris. La surprise peut aussi venir de l'image vidéo qui, lorsque le sportif y est confronté, lui révèle son incapacité à se faire une image exacte de son geste à partir de ses propres informations.

On comprend mieux dès lors que de nombreux sportifs se sentent démunis lorsque, faisant confiance à leur vécu et à leur niveau technique, on leur confie des tâches d'éducateur ou d'entraîneur. Que faire lorsque la démonstration ne marche pas? Que faire lorsque les consignes ne marchent pas?

Ces questions vous vous les êtes sans doute déjà posées. Un des problèmes en effet du sportif en situation de pédagogue est de passer de son propre vécu aux difficultés rencontrées par les pratiquants, jeunes ou adultes, débutants ou non-débutants.

Ce cours se donne pour objet de vous aider à mieux comprendre les réalités que vous côtoyez lorsque vous êtes dans cette situation. L'acte moteur y est envisagé du point de vue du pratiquant et de l'activité pratiquée. Le problème de l'apprentissage y est largement évoqué à travers la notion de progrès moteur. Quant au rôle de l'éducateur, il n'est qu'esquissé ici puisqu'il fait l'objet priviligié du cours sur « l'action pédagogique ».

I — CARACTÉRISTIQUES DE L'ACTE MOTEUR

L'aspect mécanique, répétitif d'une réponse motrice n'est souvent qu'apparent, un athlète ne fait jamais exactement deux fois la même chose, même dans un sport comme l'athlétisme où l'environnement paraît stable. La piste, les conditions atmosphériques, l'enjeu, l'environnement humain et l'athlète lui-même changent, d'où l'angoisse précompétitive que l'on retrouve dans tous les sports.

Le joueur de tennis dont on dit qu'il a un bon coup droit n'est pas celui qui est capable d'exécuter parfaitement ce coup mais celui qui est capable de l'exploiter dans un grand nombre de situations, notamment quand il est débordé. Les mouvements doivent être en harmonie avec l'environnement : leur amplitude, leur force, leur vitesse, leur minutage doivent être appropriés à chaque situation.

Il en découle deux idées importantes que nous allons développer :

— l'acte moteur ne se réduit pas à sa phase motrice mais comprend différentes phases ;
— l'acte moteur mobilise toute la personne.

A — LES DIFFÉRENTES PHASES DE L'ACTE MOTEUR

L'analyse permet de distinguer trois phases dans la réalisation d'un acte moteur, bien que dans la réalité celles-ci sont étroitement imbriquées.

— *Une phase perceptive*

Cette phase consiste pour le pratiquant à se renseigner, à rechercher des informations. Elle sert à comprendre la situation, à essayer de l'identifier. Les informations disponibles n'ont pas toutes la même importance. Percevoir signifie donc ici identifier, sélectionner, classer, comparer et hiérarchiser, soit en langage scientifique extraire et traiter de l'information.

— *Une phase de décision*

L'information est codée puis transmise aux organes de décision sous forme de messages nerveux. La phase de décision correspond à la sélection de la réponse la plus adaptée à la situation spécifiée. La décision porte sur le but et sur le plan d'action qui permet d'atteindre ce but. Lorsqu'un plan particulier est choisi une séquence de commande est envoyée.

— *Une phase d'exécution*

Cette phase correspond à la mise en route des mécanismes effecteurs selon un plan déterminé (notion de programme moteur). Elle donne naissance à un comportement observable qui est lui-même source d'informations rétroactives (notion de feedback).

L'efficacité de cette phase dépend d'une part du degré de technicité et d'automatisme gestuels et d'autre part de la capacité du sujet à utiliser des informations survenant au cours de l'action ou produites par elle pour ajuster sa réponse. C'est ainsi qu'un joueur de tennis est capable de réagir à des événements imprévus tels qu'un faux-rebond ou une balle qui heurte la bande du filet.

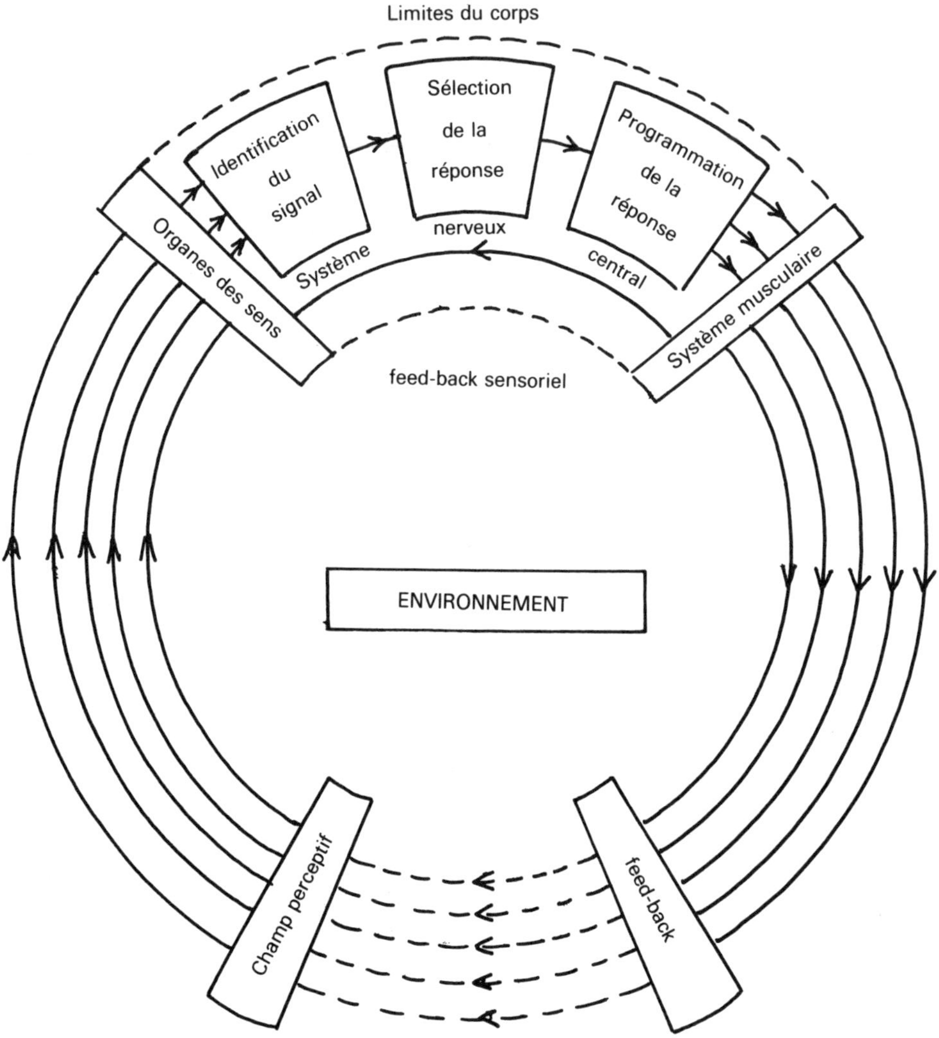

D'après H.T.A. Whiting 1979, modifié Liebart 1986

B — DOMAINES DE LA PERSONNALITÉ SOLLICITÉS

Il découle de ce que nous venons de dire que si les qualités physiques et psychomotrices sont importantes pour la réalisation d'un acte moteur, elles ne sont pas suffisantes pour assurer son succès. Ce sont de nombreux domaines de la personnalité qui sont sollicités dans la réalisation d'un acte moteur, notamment :

— *Le domaine cognitif*

- l'attention sélective,
- les capacités d'analyse et de synthèse,
- les différentes formes de mémoire,
- l'intelligence, la rapidité, l'anticipation.

— *Le domaine affectif*

- les sentiments (ex. : la peur),
- les émotions (ex. : plaisir, déception).

— *Le domaine moteur*

- les qualités physiques (vitesse, force, endurance),
- les qualités psychomotrices (coordination, adresse...).

II — L'ACTE MOTEUR SELON LE NIVEAU DE PRATIQUE

La comparaison entre débutants et pratiquants confirmés d'une même discipline fait apparaître des différences au niveau des trois phases qui suggèrent des mécanismes différents.

1) AU NIVEAU DE LA PHASE PERCEPTIVE

L'enregistrement des déplacements du regard permet de savoir comment dans une situation sportive un pratiquant explore son environnement pour agir. Des études ont montré que l'exploration visuelle d'un débutant est moins sélective que celle d'un pratiquant confirmé, autrement dit le débutant a plus de fixations du regard. D'autre part le débutant et le pratiquant confirmé ne dirigent pas leur regard aux mêmes endroits du champ visuel. Le pratiquant confirmé ne s'intéresse qu'aux éléments prioritaires, c'est-à-dire ceux qui concernent directement son action.

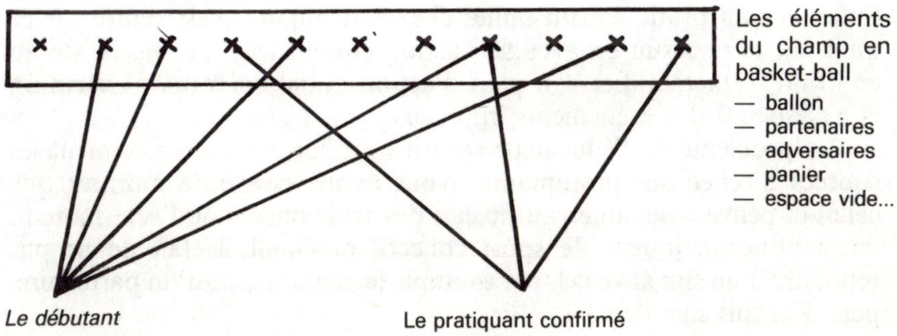

2) AU NIVEAU DE LA PHASE DE DÉCISION

Les études réalisées dans ce domaine confirment l'observation empirique. Elles montrent que :

— la décision d'un débutant prend plus de temps que celle d'un pratiquant confirmé et ceci pour trois raisons. Le débutant n'est disponible qu'en dehors de l'action, il ne peut donc s'intéresser à une action que si celle qui la précède est achevée. D'autre part comme nous venons de le voir il explore davantage d'éléments. Enfin il n'est pas capable d'anticiper, c'est-à-dire de prévoir les événements à partir d'indices précoces.

— la décision d'un débutant lorsque la situation présente plusieurs alternatives de réponse est souvent inappropriée. En effet le débutant manque de disponibilité motrice, face à un même problème, il a moins de solutions que le sportif confirmé. D'autre part le débutant ne tient pas compte de l'évolution de la situation, il fait comme si la situation se stabilisait au moment où il décide d'agir. Enfin dans la mesure où il n'explore pas systématiquement les éléments prioritaires de la situation, il commet des erreurs d'adaptation.

3) AU NIVEAU DE LA PHASE D'EXÉCUTION

L'observation comparative du comportement moteur des débutants et des pratiquants confirmés révèle des différences très importantes au niveau de cette phase. Ces différences concernent :

— *L'aspect extérieur du geste*

Les gestes du pratiquant confirmé sont plus harmonieux, mieux rythmés, plus économiques.

— *Le contrôle des mouvements*

Le débutant utilise principalement le regard pour contrôler ses actions motrices. Chez le pratiquant confirmé l'action est contrôlée de manière quasi inconsciente grâce à la proprioception (notion d'automatisme).

— *Les possibilités d'ajustement*

Celles-ci sont pratiquement nulles chez le débutant, il est centré sur ce qu'il fait et poursuit en aveugle l'action commencée. Le spécialiste au contraire peut modifier son plan d'action initial en cours d'exécution et s'adapter à des événements imprévus.

Le problème de l'éducateur sportif est d'identifier correctement les sources d'échec des pratiquants. Nous avons essayé de montrer que celles-ci peuvent se situer au niveau des trois phases de l'acte moteur. Ainsi pour un joueur de sport collectif débutant, le fait de ne pas répondre à un signal visuel, par exemple le démarquage d'un partenaire, peut à la fois signifier :

1) que le signal n'a pas été perçu ;

2) qu'il a été perçu mais n'a pu être interprêté ;

3) que bien que perçu et interprêté, les programmes moteurs nécessaires à la prise en compte de ce signal sont insuffisamment élaborés.

On voit à travers cet exemple que l'action pédagogique ne saurait se limiter, comme on le voit souvent, à corriger les gestes.

III — L'ACTE MOTEUR SELON L'ACTIVITÉ PRATIQUÉE

S'il est vrai que dans tout acte moteur on peut retrouver une phase perceptive, une phase de décision et une phase d'exécution, il serait faux d'accorder à chacune de ces phases la même importance quelle que soit l'activité envisagée. De même qu'il serait faux d'affirmer que quelle que soit l'activité le débutant explore toujours davantage d'éléments que le spécialiste pour agir. Ceci n'est vrai que pour les activités dans lesquelles la performance est conditionnée par la vitesse de réaction. Dans le cas contraire, c'est plutôt l'inverse qui semble se produire, l'exemple de certains joueurs de golf de haut niveau est un argument en faveur de cette hypothèse.

Les principales variables à prendre en compte pour différencier les activités physiques et sportives concernent :

1) LA NATURE DES TACHES

Il s'agit pour le pratiquant :

- soit de réaliser certaines formes de mouvement et dans ce cas c'est la technique qui est évaluée (plongeon ou natation synchronisée) ;
- soit de produire certains résultats objectifs ou objectivables (par un instrument de mesure) et dans ce cas la technique n'est pas prise en compte (gardien de but) c'est seulement l'efficacité qui est évaluée.

N.B. : Pour le premier groupe on parle d'activités morphocinétiques et pour le second d'activités télécinétiques.

2) LA COMPLEXITÉ DE LA SITUATION

Une situation est plus ou moins complexe :

— Selon qu'elle comporte des **éléments imprévisibles**.

Lorsque la situation est hypercodifiée comme en athlétisme (même la couleur des haies est prévue par le règlement), l'incertitude est minimale, on parle d'activités à *tendance fermée.* Dans ce type d'activités les qualités perceptives sont certes sollicitées, l'athlète a besoin de repères pour lancer ou sauter mais la possibilité de retrouver ces repères dans l'environnement de n'importe quel stade lui permet de *stabiliser* son comportement, de le prévoir entièrement à l'avance. On peut donc penser que la phase d'exécution joue le rôle essentiel dans ces activités et que les capacités d'adaptation sont peu sollicitées.

N.B. : Ceci reste assez théorique, la plupart des athlètes ne sont pas capables de réaliser leurs performances sur n'importe quel stade ; ils manifestent des préférences.

Lorsqu'au contraire la situation présente un fort degré d'incertitude comme en ski ou en sports collectifs, on parle d'activités à *tendance ouverte.* Ici l'athlète ne peut quasiment plus prévoir son action entièrement à l'avance, il doit donc diversifier son comportement, développer sa disponibilité motrice afin de pouvoir s'adapter à toutes les situations qu'il est susceptible de rencontrer dans sa pratique. Dans ce type d'activité les phases perceptives et décisionnelles jouent également un rôle très important.

— Selon qu'elle présente un **caractère urgent**.

Dans de nombreuses activités, c'est le pratiquant lui-même qui décide du moment de son action (ex. : golf, hauteur) ; dans les autres activités au contraire la vitesse de déplacement (ski) ou la pression des événements extérieurs (balle, adversaire) obligent le pratiquant à réagir plus ou moins rapidement. La réussite dépend alors de la rapidité de la décision. Plus le délai de réponse est bref (gardien) plus le pratiquant doit s'appuyer sur des indices précoces pour agir (notion d'anticipation).

3) LA COMPLEXITÉ DE LA RÉPONSE MOTRICE

Une réponse motrice est d'autant plus complexe qu'elle comporte davantage d'éléments à coordonner par unité de temps. On voit ici que les phases les plus délicates d'un mouvement sont celles qui correspondent à une accélération des actions motrices.

Dans certaines activités dans lesquelles la performance est conditionnée par la vitesse d'exécution (ex. : les lancers), l'athlète doit sans cesse rechercher le meilleur compromis possible entre vitesse et coordination. Cette recherche est l'objet d'un apprentissage long et difficile, car dans ces disciplines l'athlète ne peut pas se contenter, s'il veut progresser, de ses ressources naturelles et ses acquisitions sont souvent perturbées par les modifications morphologiques qu'il doit assumer.

Le progrès des pratiquants ne peut donc pas s'envisager indépendamment du type d'activité pratiquée. Il semble essentiel que l'éducateur puisse caractériser le sport qu'il enseigne, c'est-à-dire identifier les difficultés des tâches spécifiquement liées à la pratique de cette activité.

IV — LE PROGRÈS MOTEUR

Selon l'activité et le niveau de pratique envisagés, progresser peut signifier :
— acquérir une technique nouvelle ;
— améliorer une technique déjà acquise ;
— apprendre à identifier plus vite une situation ;
— augmenter sa vitesse d'exécution ;
— améliorer ses qualités physiques et psychologiques, etc.

Si globalement le pratiquant qui progresse améliore son efficacité ou sa performance, il faut cependant bien se garder de faire coïncider progrès et efficacité. En effet, lorsqu'un individu modifie sa technique ses progrès peuvent s'accompagner d'une régression passagère de ses performances. De même lorsqu'un sauteur en longueur améliore ses qualités de vitesse, il peut avoir temporairement des problèmes d'impulsion et être moins régulier.

Progresser peut donc représenter pour le pratiquant un coût psychologique d'autant plus important que celui-ci a déjà atteint un certain niveau de pratique.

Progresser c'est réorganiser ses acquisitions antérieures (vrai pour le débutant aussi). Cette réorganisation prend du temps et réclame un effort sur soi. Plus l'individu progresse et plus il a besoin d'avoir confiance en lui et en son entraîneur pour accepter de se remettre en question.

V — LES CONDITIONS DU PROGRÈS MOTEUR

Dans une situation d'initiation collective il est banal de constater que tous les individus ne progressent pas de la même façon. Une des manières les plus objectives de refléter ces différences serait de comparer leurs *courbes d'apprentissage* (schéma haut de la page 100).

Les différences concernent :
— La *quantité de progrès* réalisés après une période d'entraînement déterminée.
— La vitesse d'apprentissage, c'est-à-dire la pente de la courbe et son évolution dans le temps. Certains sujets progressent lentement au début de l'entraînement et plus vite par la suite. Pour d'autres, c'est le contraire (schéma bas de la page 100).

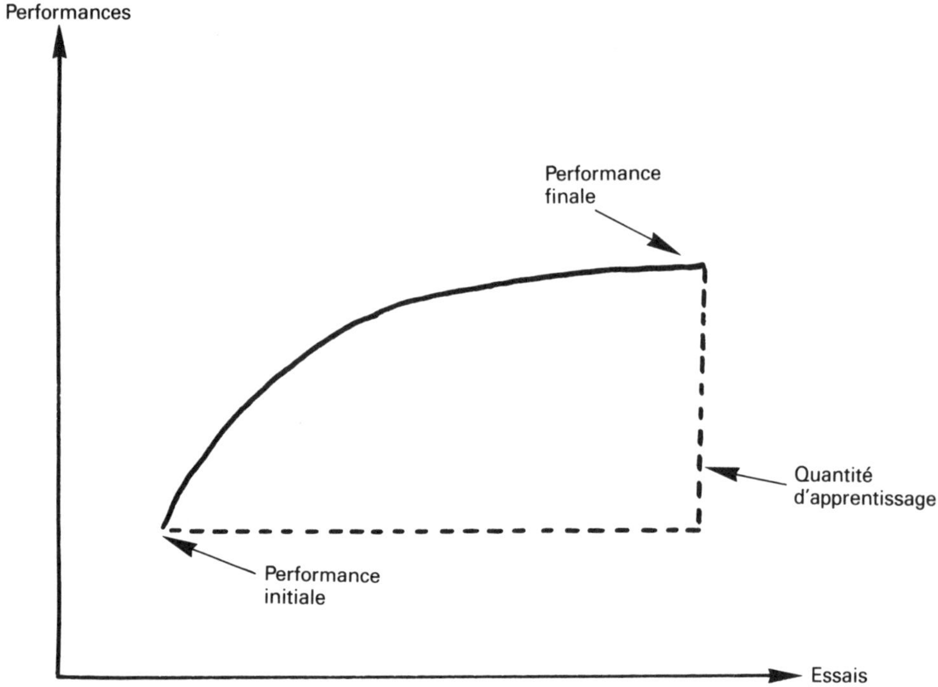

Courbe d'apprentissage

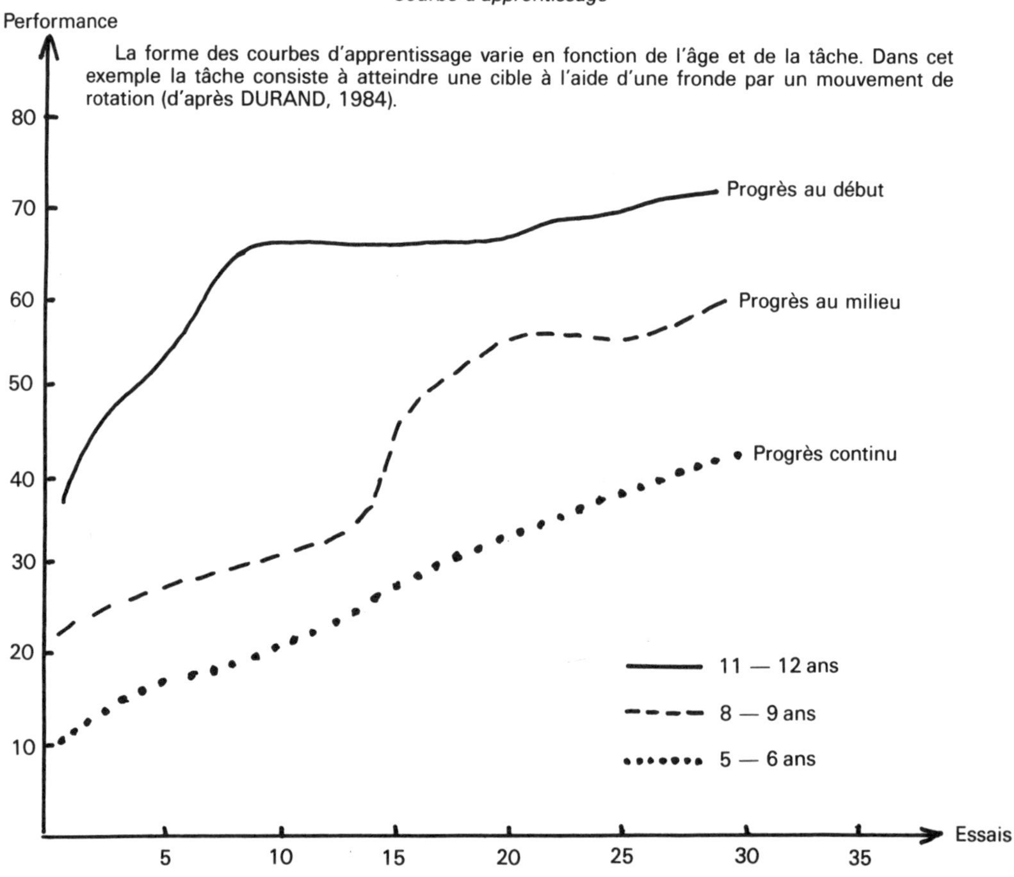

La forme des courbes d'apprentissage varie en fonction de l'âge et de la tâche. Dans cet exemple la tâche consiste à atteindre une cible à l'aide d'une fronde par un mouvement de rotation (d'après DURAND, 1984).

Ces différences individuelles suggèrent l'existence de *facteurs internes*, c'est-à-dire liés à l'individu lui-même.

Mais on peut supposer aussi que les mêmes individus placés dans des conditions différentes progressent plus ou moins vite. Le progrès semble donc aussi lié à des conditions ou *facteurs externes*.

L'expérience d'HEBRARD (1973) met bien en évidence l'influence des facteurs externes.

L'auteur compare l'efficacité de cinq situations pédagogiques sur l'apprentissage de la course de haies. Il détermine cinq groupes d'enfants débutants du même âge et de valeur sensiblement identique.

A chacun des groupes il applique l'une des situations suivantes :

Situation A : Groupe témoin.
Apprentissage pour essais et erreurs.

Situation B : Groupe « démonstration ».
Une démonstration avant chaque essai.

Situation C : Groupe « verbal ».
Consignes indiquant la manière de franchir les obstacles.

Situation D : Groupe « magnétoscope ».
Démonstration + magnétoscope à chaque essai.

Situation E : Groupe « rivière ».
Les obstacles verticaux sont remplacés par des obstacles horizontaux matérialisés par des lattes. Pour favoriser l'adaptation, des obstacles bas sont placés à l'intérieur des rivières à partir du 7e essai.

Tous les sujets sont testés au début et à l'issue des dix essais sur le plat et sur les obstacles. Ces temps permettent d'évaluer les progrès réalisés.

Un sujet est considéré comme ayant progressé si ses performances sur le plat et sur les obstacles sont plus proches à la fin de l'expérience.

Dans ces conditions l'auteur observe que :

— La plupart des sujets progressent quelle que soit la situation.
— Les situations A, B, C, et D produisent des effets comparables.
— La situation « rivière » est plus efficace que toutes les autres (dans le contexte de l'expérience).

Internes ou externes ces facteurs intéressent l'éducateur sportif à la fois d'un point de vue pratique et théorique.

1) D'UN POINT DE VUE PRATIQUE

L'éducateur sportif par son attitude, sa relation, ses choix pédagogiques, agit directement sur certains facteurs externes (difficultés des exercices, répétitions, planification de l'entraînement...) et internes (attention, motivation, image de soi...).

2) D'UN POINT DE VUE THÉORIQUE

La connaissance des facteurs internes et externes permet aux éducateurs sportifs de mieux comprendre et analyser leur influence et aussi d'en situer les limites. En effet certains facteurs très importants échappent à cette influence, ce sont en particulier :

— *L'expérience antérieure du pratiquant*

C'est, semble-t-il, un facteur d'apprentissage très important. En effet le fait d'avoir pratiqué d'autres activités sportives développe chez l'individu non seulement des *qualités* physiques et psychomotrices réinvestissables dans d'autres activités mais également des possibilités de *transfert* (ex. : lectures de trajectoires, placement, anticipation) plus ou moins avantageuses. L'hypothèse a été faite également que l'individu qui apprend ne réaliserait pas seulement des acquisitions, mais apprendrait en quelque sorte à apprendre ou encore développerait *des stratégies d'apprentissage.* Dans le cadre de cette hypothèse, la capacité à aborder une activité particulière serait favorisée par une pratique antérieure variée (sans invoquer nécessairement le phénomène de transfert).

— *Les aptitudes et capacités individuelles*

L'éducateur ne peut que difficilement agir sur certaines qualités de l'individu par exemple sa vitesse, sa souplesse articulaire ou son temps de réaction qui selon l'activité peuvent représenter des facteurs de progrès plus ou moins importants.

De même l'émotivité, le manque de confiance en soi sont des traits de personnalité handicapants auxquels il est souvent difficile de remédier à court terme.

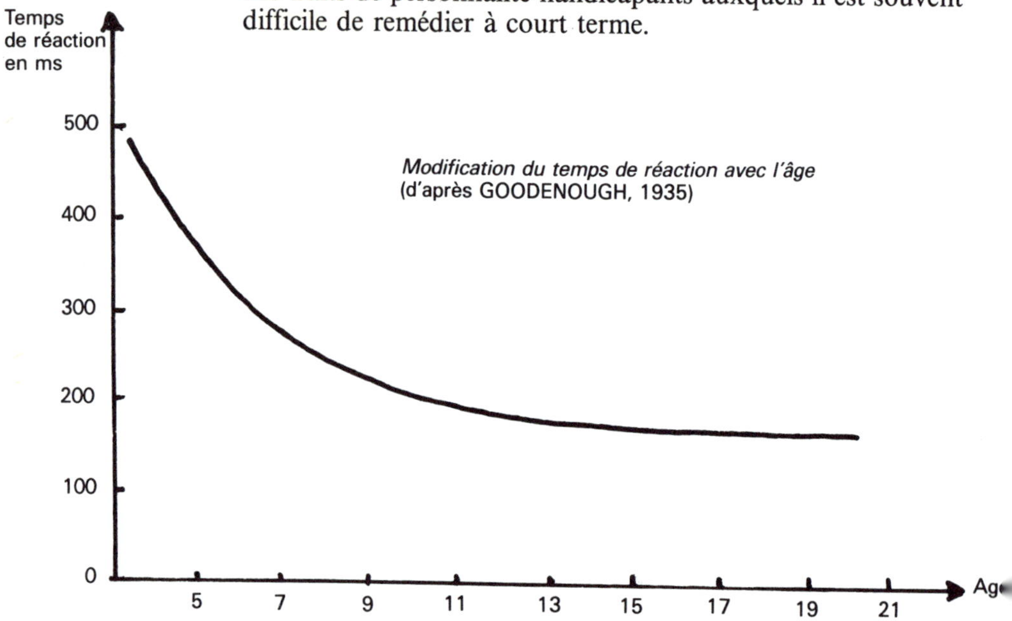

Modification du temps de réaction avec l'âge
(d'après GOODENOUGH, 1935)

— *L'environnement social du pratiquant*

Est lui aussi un facteur qui peut être favorable ou défavorable aux progrès du pratiquant. Par exemple l'influence des parents lorsque ceux-ci sont d'anciens pratiquants et exercent des responsabilités de clubs (entraîneurs ou dirigeants) est considérée (statistiquement) comme un facteur de pratique et un facteur possible de réussite.

Nous conclurons en disant que si l'éducateur sportif par sa présence stimulante et son action pédagogique (cf. série V) a toutes les chances d'influencer favorablement le progrès des individus, il ne peut cependant intervenir sur tout et n'est donc jamais entièrement responsable de ses échecs. Mais l'inverse est tout aussi vrai, ses réussites qu'il a volontiers tendance à s'attribuer sont souvent aussi favorisées par la convergence de facteurs favorables indépendants de lui.

Nous allons voir maintenant en quoi les mécanismes du progrès et l'influence de l'éducateur sportif diffèrent sensiblement selon qu'il s'agit de débutants ou de pratiquants qui ne le sont plus.

VI — LES PROGRÈS DU DÉBUTANT

Lorsqu'un individu aborde une activité nouvelle, avec ou sans aide pédagogique, il progresse essentiellement par un processus *d'adaptation ou d'apprentissage* si l'on définit celui-ci comme une *« modification adaptative et durable du comportement lorsqu'un individu est mis de manière répétitive dans une situation épreuve »*. C'est grâce à l'expérience des situations que l'enfant élabore ses comportements quotidiens comme se déplacer sur un terrain accidenté, traverser une route, utiliser une bicyclette ou une paire de patins à roulettes. On peut considérer qu'en face d'une tâche sollicitant l'élaboration d'une réponse motrice nouvelle, l'individu fonctionne schématiquement de la manière suivante :

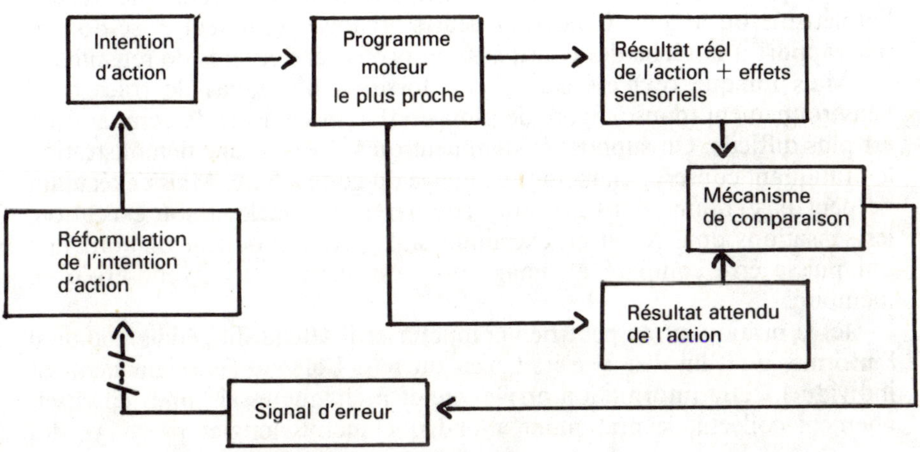

Modèle d'apprentissage extrait des travaux de P. Simonet et H. Rippol

L'INTENTION D'ACTION

Lorsque dans une situation nouvelle un individu décide d'agir d'une certaine façon, il a déjà une certaine représentation de la tâche. Cette représentation peut être préalable s'il s'agit d'une activité connue (tennis, football, judo...) ou fournie par le pédagogue dans le cas contraire. Grâce à cette représentation le débutant voit plus ou moins clairement ce qu'il a à faire et à quel résultat il doit parvenir.

LE PROGRAMME MOTEUR LE PLUS PROCHE

On connaît encore très mal le mécanisme qui permet à un individu de sélectionner et de stimuler un programme moteur correspondant à ses intentions. Ce que l'on sait empiriquement c'est que ce mécanisme est efficace. Un débutant ne fait pas n'importe quoi, d'emblée ce qu'il fait correspond visiblement à une intention en rapport avec la tâche. Mais l'individu qui n'a encore jamais pratiqué une activité ne dispose, par définition, que de *programmes moteurs approchés* qui font partie en quelque sorte de son répertoire personnel du moment. L'apprentissage va consister à créer des programmes plus spécifiques.

LE MÉCANISME DE COMPARAISON

Quand on apprend à un enfant à écrire un « O », on lui donne le modèle. L'enfant cherche à reproduire le « O », cela dérape mais à chaque essai il peut comparer le modèle et son exécution et quand son « O » ressemble à un « O », il le constate. Cet exemple simple montre bien ce qu'est un mécanisme de comparaison.

Ce mécanisme fonctionne bien lorsque le pratiquant produit un résultat plus ou moins concret dans l'environnement et laisse une trace qu'il peut reconnaître ou qui peut être jugée par le pédagogue. C'est le cas d'activités comme par exemple : le judo, le tir, les sports collectifs, le tennis, l'athlétisme ou le golf. L'individu peut s'organiser tout seul et se donner par rapport à la tâche des consignes, un projet, des critères de réussite.

Mais lorsque ce n'est pas le cas, lorsqu'il n'y a pas de trace dans l'environnement (danse, figure de plongeon) le mécanisme de comparaison est plus difficile. On suppose évidemment qu'à l'issue d'une démonstration le pratiquant conserve en mémoire l'image du geste à faire. Mais l'exécutant ne peut pas comme dans l'écriture comparer le modèle et son exécution, les sensations qu'il reçoit en exécutant son geste n'évoquent d'abord rien qui puisse être comparé à l'image qu'il est supposé avoir conservée en mémoire.

Ici le pratiquant ne peut rien comparer et il attend du pédagogue qu'il l'informe, qu'il lui dise si c'était bien ou pas. Lorsque l'enseignement est individuel, cette information arrive vite et à chaque essai ; mais en enseignement collectif, le pratiquant attend quelquefois longtemps et fait des répétitions pour rien. Pour suppléer à cette insuffisance, les professeurs de danse utilisent le miroir qui est sensé fournir en permanence à chaque exécutant un reflet de son activité motrice et lui permettre de la contrôler visuellement, mais cet usage est très limité. En plongeon par exemple, l'exécutant a besoin de repères visuels pour s'équilibrer, sa vision n'est donc pas disponible pour un tel contrôle. Pour d'autres raisons le pratiquant qui étudie une technique de lancer de poids ne peut non plus se servir du miroir et s'il le fait quelquefois c'est en abandonnant son engin, tout comme le joueur de tennis, mais alors fait-il la même chose ? Certains pédagogues ont cru alors que le magnétoscope faciliterait l'apprentissage mais l'image vidéo est toujours plus ou moins différée, elle arrive trop tard et le mécanisme de comparaison reste très difficile pour un débutant.

Pour conclure sur ce mécanisme de comparaison, on peut dire que sa difficulté est liée à la tâche. Si les critères de réussite peuvent être définis de manière concrète, le pédagogue n'a pratiquement pas à intervenir sur les réponses : l'individu constate lui-même ses erreurs et apprend à les éviter.

Mais lorsque la tâche ne s'y prête pas, c'est-à-dire lorsque le pratiquant ne peut pas constater lui-même ses erreurs (lors d'un exercice technique par exemple) le pédagogue doit s'organiser afin que celui-ci soit informé. En pédagogie individuelle c'est le pédagogue qui fournit lui-même cette information ; en pédagogie collective il peut aussi avoir recours à des observateurs. L'intérêt pédagogique de l'observation réciproque ne se limite d'ailleurs pas à cet apport d'informations. En effet, dans le mesure où c'est en observant les autres que nous prenons le plus souvent conscience de la manière dont nous agissons nous-mêmes, le rôle d'observateur profite également à celui qui observe. Enfin cette observation mutuelle est une forme de coopération et de responsabilisation dont le bénéfice se répercute aussi bien sur groupe que sur les participants.

LA REFORMULATION DE L'INTENTION

Lorsque le résultat produit est très proche de l'objectif, le pratiquant ne cherche pas à modifier son geste, lors de l'essai suivant il cherchera tout au plus à s'appliquer davantage. Par contre lorsque l'écart est important et qu'il le constate, il cherche à faire autre chose, il modifie son intention initiale. Ce cycle, essai-erreur, essai modifié, explique par exemple comment un débutant après quelques essais réussit à faire retomber le javelot sur sa pointe. La première fois il a besoin d'attendre le résultat pour savoir si son geste est bon ou pas, après quelques essais il sera capable d'anticiper ce résultat au vu de la trajectoire de son javelot. Cette anticipation du résultat est très importante car grâce à elle le débutant va pouvoir y associer plus étroitement ses sensations au moment du lancer et constituer petit à petit une mémoire sensorielle de son geste. Cette référence une fois construite permettra au pratiquant de reconnaître immédiatement la qualité de son lancer, il n'aura plus besoin du résultat mais à ce stade de l'apprentissage on ne peut plus parler de débutant.

VII — LES PROGRÈS DU NON-DÉBUTANT

Nous préférons parler de non-débutant plutôt que de sportif confirmé ou d'expert car ces termes évoquent trop facilement un bon niveau de performance, or le non-débutant n'est pas nécessairement quelqu'un de très performant, ce n'est pas non plus forcément quelqu'un qui a reçu une initiation. Nombreux sont ceux qui s'initient seuls à une spécialité et n'ont recours à une aide pédagogique que lorsqu'ils veulent progresser et éprouvent des difficultés, c'est une réalité sociale valable pour de nombreuses activités. Inversement celui qui a reçu une initiation ne doit pas être systématiquement considéré comme un non-débutant. En effet si l'individu est trop jeune pour aborder une activité il ne fera aucun progrès, l'apprentissage ne fonctionnera pas. Si après un an de tennis un enfant frappe toujours à côté de la balle, il reste un débutant même s'il sait (parce qu'on le lui a dit) comment tenir sa raquette et se placer pour frapper la balle. L'échec ne devient un facteur d'apprentissage qu'à partir du moment où le pratiquant peut lui comparer des expériences réussies.

Cette règle valable pour le débutant l'est aussi pour le non-débutant, le sportif confirmé ou l'athlète de haut niveau. Mais comme nous allons le voir le non-débutant fonctionne différemment, a d'autres repères que le débutant pour contrôler son geste et le faire évoluer. On peut schématiser son fonctionnement de la manière suivante :

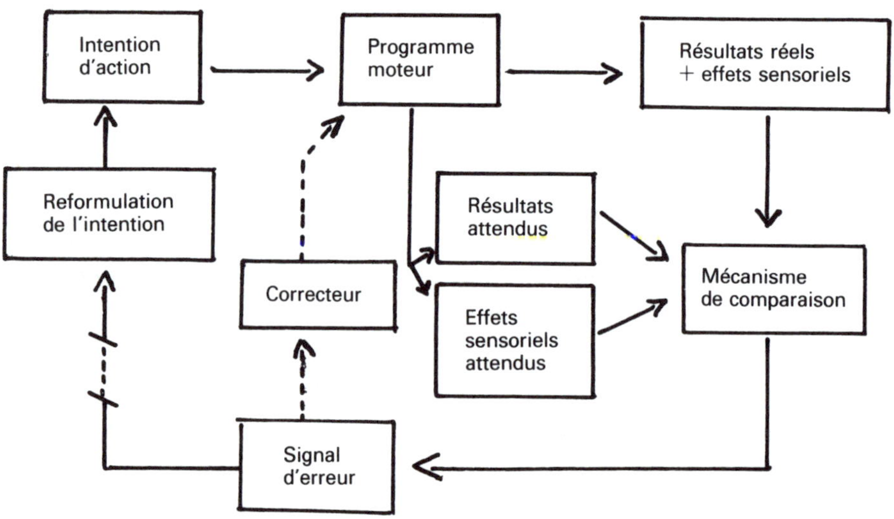

Modèle d'apprentissage extrait des travaux de P. Simonet et H. Rippol

LE MÉCANISME DE COMPARAISON

Le pratiquant a acquis grâce à ses expériences une mémoire sensorielle de son geste, cette trace s'est constituée progressivement au cours des essais. Le mécanisme comparateur va jouer sur deux plans : seront comparés les résultats réels aux résultats attendus (comme chez le débutant), mais également les effets sensoriels produits aux effets sensoriels attendus. Contrairement au débutant, le non-débutant lorsqu'il exécute une action sait immédiatement s'il a fait comme d'habitude ou pas. Cette différence explique pourquoi un sauteur en hauteur par exemple, lorsqu'il s'échauffe ou s'entraîne à une hauteur inférieure, n'est pas nécessairement content de lui lorsqu'il franchit la barre. Il a en effet acquis d'autres critères de jugement, son impression subjective de réussite ne dépend plus exclusivement des résultats produits. Lorsqu'un sauteur en longueur bat son record personnel, il le sait avant même que sa performance soit mesurée.

LE MÉCANISME CORRECTEUR

Une autre différence à ce stade de l'apprentissage, le sujet devint capable d'utiliser les informations en retour (notion de feed-back) pour contrôler, arrêter ou modifier ses actions au cours de leur exécution. Lorsqu'un perchiste s'élance pour sauter, s'il ne reconnaît pas ses premières sensations (signal d'erreur), il s'arrête et recommence, s'il n'en a pas le temps il s'adapte (mécanisme correcteur) ou passe volontairement sous la barre. Les actions rapides comme les lancers ne peuvent bénéficier de ce mécanisme correcteur car celui-ci demande du temps et lorsque la durée de l'action est inférieure à 200 millisecondes, l'information arrive trop tard, le pratiquant ne peut plus modifier son geste. On notera que ces gestes requièrent plus de concentration (tir, lancer, golf...).

LE PROGRÈS

Dans ses actions quotidiennes ou professionnelles l'individu va rarement jusqu'au bout de ses possibilités, lorsqu'il a atteint un certain niveau d'efficacité il cesse de progresser. Dans les activités sportives de loisir c'est sensiblement la même chose, l'apprentissage s'arrête souvent prématurément, l'individu se contentant du plaisir qu'il éprouve à dominer un certain niveau de difficulté. Mais par définition lorsque le pratiquant s'engage dans un processus de compétition l'apprentissage va beaucoup plus loin. Parallèlement plus l'individu élève son niveau de pratique et plus ses progrès deviennent lents et coûteux.

Le non-débutant n'est pas quelqu'un qui ne commet plus d'erreurs (même le champion en commet) mais il a appris à établir des relations de cause à effet entre ses erreurs et les mécanismes qui les ont provoquées. Il sait s'il doit attribuer tel type d'erreur à un défaut d'analyse de la situation, à un choix défectueux ou à un problème d'exécution. Cette capacité d'analyse sans cesse perfectible s'enrichit de toutes les expériences heureuses et malheureuses, également des remarques critiques de l'entraîneur. L'individu devient de plus en plus autonome et objectif dans les jugements qu'il porte sur ses actions, il sait et apprend sans cesse à les corriger plus efficacement.

Mais ce processus de progrès relativement continu se double d'un processus de rupture, on ne progresse pas indéfiniment sans changement. Le pratiquant doit accepter de changer ses objectifs, de changer ses références sensorielles, de briser certains automatismes, de développer ses moyens physiques et psychologiques. L'athlète prudent qui se réfugie dans la sécurité de l'habitude cesse de progresser et plafonne prématurément.

VIII — LE RÔLE DE L'ÉDUCATEUR SPORTIF

Lorsqu'il propose un exercice, quels que soient le niveau de pratique et la nature de la tâche, l'éducateur sportif intervient généralement avant, pendant et après l'action du pratiquant :

— AVANT, son rôle consiste surtout à clarifier l'objectif à atteindre du point de vue du pratiquant (quelle intention initiale pour quels résultats attendus ?) et à aider celui-ci à concentrer son attention sur les aspects importants de la tâche.

— PENDANT, son rôle va être d'aider le pratiquant à organiser sa réponse motrice. Cette aide peut selon l'activité prendre diverses formes : indications verbales, aide manuelle ou aide visuelle. Elle n'est pas toujours possible.

— APRÈS, son rôle est d'aider le pratiquant à évaluer sa réponse (quels résultats produits ?) L'éducateur facilite le mécanisme de comparaison. Il apporte des informations sur le mouvement et permet au pratiquant de mettre en relation ses résultats (échecs et réussites) et les mécanismes qui les ont provoqués. Enfin l'éducateur joue un rôle de renforcement en intervenant immédiatement après l'action du pratiquant, il aide celui-ci à sélectionner les informations sensorielles qui lui serviront à évaluer d'une manière plus autonome ses actions ultérieures.

Bibliographie sommaire

ARNOLD (R.K.S.), Le développement des habiletés sportives, Dossier EPS n° 3.

BONNET (P.), Vers une pédagogie de l'acte moteur, Ed. VIGOT, Paris, 1983.

HEBRARD (A.), EPS et apprentissages, Document ronéoté, cours de licence UEREPS de Montpellier, 1985.

RIPPOL (H.), L'apprentissage du mouvement, Document roneoté, INSEP Paris 1983.

SIMONET (P.), Apprentissages moteurs, Ed. Vigot, Coll. Sport, Paris, 1985.

WHITING (H.T.A.), Sports de balle et apprentissage. Les Presses de l'université du Québec, Diffusion Vigot, 1979.

I.N.S.E.P. (Collectif), L'éducateur sportif premier degré INSEP publications, 1984.

3

INSTITUTIONS

L'ASSOCIATION
LE CLUB SPORTIF

LA LOI DE 1901

LA CRÉATION D'UNE ASSOCIATION

LA DÉCLARATION DE L'ASSOCIATION

- Formalités
- Capacité
- Agrément
- Utilité publique
- Les sociétés à objet sportif et d'économie mixte

LE FONCTIONNEMENT DE L'ASSOCIATION

- Assemblée Générale
- Comité Directeur
- Bureau

LES PARTENAIRES DE L'ASSOCIATION

- L'affiliation à la Fédération
- Commune
- Conseil Général
- Direction Départementale de la Jeunesse et des Sports
- Comité Départemental

Le développement du sport a nécessité la création d'une structure importante ; au lieu de mettre en place des textes nouveaux, les législateurs ont utilisé la loi dite « du 1er juillet 1901 » dont l'article 1 stipule : « l'association est la convention par laquelle *deux* ou *plusieurs* personnes mettent en commun d'une façon *permanente* leurs connaissances ou leur activité dans un but autre que de *partager les bénéfices* ».

Remarques :

— les membres d'une association doivent être en accord donc volontaires ;

— l'idée de permanence impose une durée importante ;

— « mettre en commun des connaissances ou une activité » est un cadre tellement large qu'il explique le foisonnement d'associations en France dans les domaines les plus divers ;

— le fait d'avoir un but non lucratif ne supprime pas la notion de faire des bénéfices mais ils doivent être « utilisés », non partagés (on verra plus loin le problème posé par les clubs sportifs avec la place de plus en plus importante prise par l'argent).

N.B. :

— La loi de juillet 1901 est applicable sur tout le territoire français sauf l'Alsace et la Moselle qui disposent d'un certain nombre de textes locaux suite à l'annexion allemande d'avant 1918 (lois d'Empire 1908).

— Le Titre IV concernant les associations étrangères (loi du 1er juillet 1901, relative au contrat d'association) est abrogé par la loi du 9 octobre 1981.

LOI DU 1er JUILLET 1901
relative au contrat d'association

TITRE PREMIER

Art. 1er — L'association est la convention par laquelle deux ou plusieurs personnes mettent en commun d'une façon permanente leurs connaissances ou leur activité dans un but autre que de partager des bénéfices. Elle est régie, quant à sa validité, par les principes généraux du droit applicables aux contrats et obligations.

Art. 2 — Les associations de personnes pourront se former librement, sans autorisation ni déclaration préalable, mais elles ne jouiront de la capacité juridique que si elles se sont conformées aux dispositions de l'article 5.

Art. 3 — Toute association fondée sur une cause ou en vue d'un objet contraire aux lois, aux bonnes mœurs, ou qui aurait pour but de porter atteinte à l'intégrité du territoire national et à la forme républicaine du Gouvernement, est nulle et de nul effet.

Art. 4 — Tout membre d'une association qui n'est pas formée pour un temps déterminé peut s'en retirer en tout temps, après paiement des cotisations échues et de l'année courante, nonobstant toute clause contraire.

Art. 5 (mod. L. nº 71-604, 20 juillet 1971). — Toute association qui voudra obtenir la capacité juridique prévue par l'article 6 devra être rendue publique par les soins de ses fondateurs. La déclaration préalable en sera faite à la Préfecture du département ou à la Sous-Préfecture de l'arrondissement où l'association aura son siège social. Elle fera connaître le titre et l'objet de l'association, le siège de ses établissements et les noms, professions et domiciles de ceux qui, à un titre quelconque, sont chargés de son administration ou de sa direction. Il sera donné récépissé de celle-ci dans le délai de cinq jours. L'association n'est rendue publique que par une insertion au Journal officiel, sur production du récépissé. Deux exemplaires des statuts seront joints à la déclaration. Les associations sont tenues de faire connaître, dans les trois mois, tous les changements survenus dans leur administration ou direction, ainsi que toutes modifications apportées à leurs statuts. Ces modifications et changements ne sont opposables aux tiers qu'à partir du jour où ils auront été déclarés. Les modifications et changements seront en outre consignés sur un registre spécial, qui devra être présenté aux autorités administratives ou judiciaires chaque fois qu'elles en feront la demande.

Art. 6 — Toute association régulièrement déclarée peut, sans aucune autorisation spéciale, ester en justice, acquérir à titre onéreux, posséder et administrer, en dehors des subventions de l'État, des départements et des communes :
1 — les cotisations de ses membres ou les sommes au moyen desquelles ces cotisations ont été rédimées, ces sommes ne pouvant être supérieures à 100 F (L. 23 juin 1948) ;
2 — le local destiné à l'administration de l'association et à la réunion de ses membres ;
3 — les immeubles strictement nécessaires à l'accomplissement du but qu'elle se propose.

Art. 7 (D.-L. 23 octobre 1935. L. nº 71-604, 20 juillet 1971). — En cas de nullité prévue par l'article 3, la dissolution de l'association est prononcée par le tribunal de grande instance, soit à la requête de tout intéressé, soit à la diligence du ministère public. Celui-ci peut assigner à jour fixe, et le tribunal, sous les sanctions prévues à l'article 8, ordonner par provision et nonobstant toute voie de recours la fermeture des locaux et l'interdiction de toute réunion des membres de l'association.

En cas d'infraction aux dispositions de l'article 5, la dissolution peut être prononcée à la requête de tout intéressé ou du ministère public.

Art. 8 — Seront punis d'une amende de 60 à 720 F et, en cas de récidive, d'une amende double, ceux qui auront contrevenu aux dispositions de l'article 5. Seront punis d'une amende de 60 à 18 000 F et d'un emprisonnement de six jours à un an, les fondateurs, directeurs ou administrateurs de l'association qui se serait maintenue ou reconstituée illégalement après le jugement de dissolution. Seront punies de la même peine toutes les personnes qui auront favorisé la réunion des membres de l'association dissoute, en consentant l'usage d'un local dont elles disposent.

Art. 9 — En cas de dissolution volontaire, statutaire ou prononcée par justice, les biens de l'association seront dévolus conformément aux statuts ou, à défaut de disposition statutaire, suivant les règles déterminées en assemblée générale.

TITRE II

Art. 10 — Les associations peuvent être reconnues d'utilité publique par décrets rendus en la forme des règlements d'administration publique.

Art. 11 — Ces associations peuvent faire tous les actes de la vie civile qui ne sont pas interdits par leurs statuts, mais elles ne peuvent posséder ou acquérir d'autres immeubles que ceux nécessaires au but qu'elles se proposent. Toutes les valeurs mobilières d'une association doivent être placées en titres nominatifs. Elles peuvent recevoir des dons et des legs dans les conditions prévues par l'article 910 du Code civil et l'article 5 de la loi du 4 février 1901. Les immeubles compris dans un acte de donation ou dans une disposition testamentaire qui ne seraient pas nécessaires au fonctionnement de l'association sont aliénés dans les délais et la forme prescrits par le décret ou l'arrêté qui autorise l'acceptation de la libéralité ; le prix en est versé à la caisse de l'association. Cependant, elles peuvent acquérir, à titre onéreux ou à titre gratuit, des bois, forêts ou terrains à boiser (L. 2 juillet 1913). Elles ne peuvent accepter une donation mobilière ou immobilière avec réserve d'usufruit au profit du donateur.

Art. 12 (abrogé D. 12 avril 1939. art. 2, relatif à la constitution des associations étrangères).

TITRE III

(Les articles 13 et 16
concernent les congrégations religieuses.)

Art. 17 — Sont nuls tous actes entre vifs ou testamentaires, à titre onéreux ou gratuit, accomplis soit directement, soit par personne interposée, ou toute autre voie indirecte, ayant pour objet de permettre aux associations légalement ou illégalement formées de se soustraire aux dispositions des articles 2, 6, 9, 11, 13, 14 et 16.

La nullité pourra être prononcée soit à la diligence du ministère public, soit à la requête de tout intéressé.

Art. 19 — Les dispositions de l'article 463 du Code pénal sont applicables aux délits prévus par la présente loi.

Art. 20 — Un règlement d'administration publique déterminera les mesures propres à assurer l'exécution de la présente loi.

Art. 21 — Sont abrogés les articles 291, 292, 293 du Code pénal, ainsi que les dispositions de l'article 294 du même Code, relatives aux associations ; l'article 20 de l'ordonnance du 5-8 juillet 1920 ; la loi du 10 avril 1834 ; l'article 13 du décret du 21 juillet 1848 ; l'article 7 de la loi du 30 juin 1881 ; la loi du 14 mars 1872 ; le paragraphe 2, art. 2, de la loi du 24 mai 1825 ; le décret du 31 janvier 1852, et généralement toutes les dispositions contraires à la présente loi. Il n'est en rien dérogé pour l'avenir aux lois spéciales relatives aux syndicats professionnels, aux sociétés, aux sociétés de commerce et aux sociétés de secours mutuels.

TITRE IV
DES ASSOCIATIONS ÉTRANGÈRES

(ajouté par D.-L. 12 avril 1939
relatif à la constitution des associations étrangères).

Art. 22 — Aucune association étrangère ne peut se former, ni exercer son activité en France, sans autorisation préalable du ministre de l'Intérieur.

Art. 23 — Elle ne peut avoir des établissements en France qu'en vertu d'une autorisation distincte pour chacun de ces établissements.

Art. 24 — L'autorisation peut être accordée à titre temporaire ou soumise à un renouvellement périodique.

Elle peut être subordonnée à l'observation de certaines conditions par décret.

Elle peut être retirée, à tout moment par décret (par arrêté ministériel : L. 27 juillet 1940).

Art. 25 — Les associations étrangères existant au moment de la promulgation du présent titre sont tenues de demander, dans le délai d'un mois, pour elles-mêmes et pour chacun de leurs établissements, l'autorisation exigée à l'article 22.

Art. 26 — Sont réputées associations étrangères, quelle que soit la forme sous laquelle ils peuvent éventuellement se dissimuler, les groupements présentant les caractéristiques d'une association, qui ont leur siège à l'étranger ou qui, ayant leur siège en France, sont dirigés en fait par des étrangers, ou bien ont soit des administrateurs étrangers, soit un quart au moins de membres étrangers.

Art. 27 — En vue d'assurer l'application de l'article précédent, les préfets peuvent, à toute époque, inviter les dirigeants de tout groupement ou de tout établissement fonctionnant dans leur département à leur fournir par écrit, dans le délai d'un mois, tous renseignements de nature à déterminer le siège auquel ils se rattachent, leur objet réel, la nationalité de leurs membres, de leurs administrations et de leurs dirigeants effectifs.

Ceux qui ne se conforment pas à cette injonction ou font des déclarations mensongères sont punis des peines prévues à l'article 32.

Art. 28 — Les demandes d'autorisation sont adressées à la Préfecture du département où fonctionne l'association ou l'établissement.

Pour être recevables, elles doivent mentionner le titre et l'objet de l'association ou de l'établissement, le lieu de leur fonctionnement, les noms, professions, domiciles et nationalités des membres étrangers et de ceux qui, à un titre quelconque, sont chargés de l'administration ou de la direction de l'association ou de l'établissement.

Les étrangers résidant en France qui font partie de l'association doivent être titulaires d'une carte d'identité à durée normale.

Art. 29 — Les associations étrangères auxquelles l'autorisation est refusée ou retirée doivent cesser immédiatement leur activité et procéder à la liquidation de leurs biens dans le délai d'un mois à dater de la notification de la décision.

Art. 30 — Les associations étrangères, quelle que soit la forme sous laquelle elles peuvent éventuellement se dissimuler, qui ne demandent pas l'autorisation dans les conditions fixées ci-dessus, sont nulles de plein droit.

Cette nullité est constatée par arrêté du ministre de l'Intérieur.

Art. 31 (D.-L. 1er septembre 1939). — Le décret ou l'arrêté qui retire à une association étrangère l'autorisation de poursuivre son activité, ou lui refuse ladite autorisation, ou constate sa nullité, prescrit toutes mesures utiles pour assurer l'exécution immédiate de cette décision et la liquidation des biens du groupement.

Art. 32 — Ceux qui, à un titre quelconque, assument ou continuent à assumer l'administration d'associations étrangères ou d'établissements fonctionnant sans autorisation sont punis d'un emprisonnement de un à cinq ans et d'une amende de 60 à 10 800 F.

Les autres personnes participant au fonctionnement de ces associations ou de leurs établissements sont punies d'un emprisonnement de six mois à trois ans et d'une amende de 60 à 5 400 F.

Les mêmes peines sont applicables aux dirigeants, administrateurs et participants à l'activité d'associations ou d'établissements qui fonctionnent sans observer les conditions imposées par l'arrêté d'autorisation ou au-delà de la durée fixée par ce dernier.

Art. 33 — Le présent titre n'est applicable ni aux associations étrangères reconnues d'utilité publique, ni à celles qui ont pour objet unique d'assurer l'exercice d'un culte, en vertu des lois en vigueur, ni aux congrégations religieuses.

Art. 34 — Les dispositions du présent titre sont applicables aux territoires d'outre-mer.

Art. 35 — Les mesures nécessaires pour assurer l'application des dispositions du présente titre seront déterminées par décret.

LA CRÉATION D'UNE ASSOCIATION

D'après l'article 2 de la loi du 1er juillet 1901 : « Les associations de personnes pourront se former librement sans autorisation ni déclaration préalable. »

Ceci permet à toutes les personnes qui le désirent de se réunir dans *une assemblée constitutive.*

Cette assemblée devra :

— *établir*, puis *adopter* des statuts fixant :
- le titre et l'objet de l'Association,
- l'adresse du siège social,
- les moyens d'action,
- le mode d'admission des membres, leurs droits, leurs devoirs,
- le mode de fronctionnement de l'Association,
- les ressources,
- les dispositions prévues en cas de modification des statuts et de dissolution ;

— *élire* un Comité Directeur ou Conseil d'Administration (minimum : un président, un secrétaire, un trésorier) suivant les statuts ;

— *rédiger* un procès-verbal signé de tous les membres présents.

LA DÉCLARATION DE L'ASSOCIATION

Formalités

— A la Préfecture ou Sous-Préfecture du siège social (sur papier libre) doit indiquer :
- — titre et objet de l'Association Sportive,
- — l'adresse du siège,
- — les noms, prénoms, dates de naissance, nationalité, profession et domicile des responsables ;

joindre :
- — 2 exemplaires des statuts ;
- — 1 registre à pages numérotées pour les futures modifications de statuts.

En retour la Préfecture ou Sous-Préfecture délivre un récépissé.

L'Association sera déclarée à partir de sa parution au Journal Officiel (retenir la date, le numéro, garder une exemplaire du Journal Officiel).

Le fait de devenir une association déclarée permet :
— d'acquérir la capacité juridique,
— de demander l'agrément ministériel,
— de solliciter, dans certains cas, la reconnaissance d'utilité publique.

Capacité juridique : L'Association sportive devient une personne morale, elle peut posséder et administrer des biens, percevoir des cotisations, recevoir des subventions, procéder à des achats ou ventes, ouvrir un compte, ester en justice.

L'agrément : C'est une condition indispensable pour recevoir les subventions de l'État. L'agrément est donné par le Commissaire de la République sur présentation d'un bilan en tenant compte de certaines conditions générales (hygiène, sécurité).

L'utilité publique

- attribuée à partir de conditions très strictes par le ministère de l'Intérieur ;
- donne la grande capacité juridique ;
- n'est accordée qu'à un nombre restreint d'associations.

La loi définit donc trois types d'associations :
— non déclarée,
— déclarée,
— d'utilité publique.

Cas particulier : Les Sociétés à objet sportif et d'économie mixte

Le sport professionnel a mis en évidence des problèmes vis-à-vis de la loi de 1901 d'où la mise en place des Sociétés sportives.

A partir d'un seuil fixé à 2 500 000 F un groupement sportif est tenu de se transformer en société anonyme régie par les textes concernant les sociétés commerciales :

— soit sous forme d'une société à objet sportif ;
— soit sous forme d'une société d'économie mixte sportive locale.

D'après la loi du 7 juillet 1983, les communes, départements, régions, peuvent créer des sociétés d'économie mixte locales qui les associent à une ou plusieurs personnes privées.

Les collectivités citées détiennent plus de la moitié du capital et des voix.

La participation des autres actionnaires ne peut être inférieure à 20 %.

Toute collectivité a droit au moins à un représentant au Conseil d'Administration ou au Conseil de Surveillance.

Il peut y avoir des dérogations pour les sociétés d'économie mixte créées antérieurement dans les départements du Bas-Rhin, du Haut-Rhin et de la Moselle.

FONCTIONNEMENT DE L'ASSOCIATION SPORTIVE

Système démocratique : une Assemblée Générale qui « légifère », un Comité Directeur (ou d'Administration) qui exécute.

L'ASSEMBLÉE GÉNÉRALE : réunion de tous les membres de l'Association sportive âgés d'au moins 16 ans ayant adhéré depuis plus de six mois et à jour de la cotisation.

Cette Assemblée Générale annuelle appelée **ordinaire** a pour but :
— d'approuver par un vote les rapports moral et financier ;
— de délibérer sur l'ordre du jour ;
— de discuter des projets ;
— d'élire le Comité Directeur, s'il y a lieu.

Pour les modalités du vote voir les statuts (majorité, quorum, etc.).

Il peut y avoir une Assemblée Générale **extraordinaire** :
- *obligatoire* quand il y a modification des statuts ou dissolution,
- *facultative* (dans les cas prévus par les statuts).

LE COMITÉ DIRECTEUR (ou d'Administration composé d'un certain nombre de membres administre l'Association Sportive (le vote, la durée du mandat, le renouvellement sont précisés dans les statuts).

Mais l'élément le plus important de ce Comité Directeur est constitué par le bureau :
— Président.
— Secrétaire.
— Trésorier.

LE BUREAU

Le Président : C'est le représentant officiel de l'Association Sportive, le responsable juridique ce qui sous-entend qu'il doit être au courant de tout et prendre ses responsabilités lorsqu'il le faut.

Le Secrétaire : C'est l'homme de base de l'Association Sportive car il contrôle tout le fonctionnement administratif (licences, visites médicales, assurances, déplacements, etc.).

Le Trésorier : Il est chargé de l'exécution du budget, des prévisions, du bilan financier, de la tenue de la comptabilité (recettes, dépenses, subventions, etc.).

Les autres membres interviennent dans les commissions spécialisées.

LES PARTENAIRES DE L'ASSOCIATION

Le club sportif, à la différence de certaines associations, s'il veut participer à des compétitions, *doit s'affilier à une Fédération.* La demande d'affiliation accompagnée de la cotisation doit transiter par des instances départementales et régionales.

La commune est le partenaire privilégié par son apport en installations, subventions, matériels, par l'intermédiaire du Service des Sports, de l'Office Municipal des Sports, suivant l'importance des villes.

Le Conseil Général peut intervenir par l'apport de subventions courantes, extraordinaires, « primes » par licencié, récompenses, etc.

La Direction Départementale reçoit la demande d'agrément, « étudie » les dossiers d'installation, peut aider par l'apport de matériel, d'hommes, de remboursements de frais (école de sport), de récompenses, etc.

Le Comité Départemental Olympique et Sportif peut être sollicité pour certaines actions ainsi que les autorités civiles dans tous les cas de sécurité (ex. : gendarmerie, courses sur route).

4

DEVOIRS EXERCICES ET CORRIGÉS

BIOLOGIE

DEVOIRS

1) Quels liens établissez-vous entre les propriétés du muscle et la pratique sportive ?
2) Définissez les réactions aérobies et dites pourquoi on retrouve le travail de type aérobie dans tout processus d'entraînement ou de préparation physique.

EXERCICES FORMATIFS

Cours de MM. MANSARD et COLOMBO

1) Comment s'opère la contraction musculaire ?
2) Caractéristiques mécaniques de la contraction musculaire.
3) Qu'est-ce que le sarcomère ? Son rôle dans la contraction.
4) Identifiez le système de production d'énergie dominant dans votre discipline.
5) D'où vient le glycogène emmagasiné dans les muscles et le foie ?
6) Quelles sont les sources d'énergie de l'activité musculaire ?
7) Comment sont utilisés le glycogène et les acides gras ?
8) Qu'est-ce qu'un substrat énergétique ? Exemple.

Cours de M. DIONNET

1) Quels récepteurs trouve-t-on dans la cheville et sous le pied ? Quelles informations captent-ils ? A quoi servent-ils ?
2) Expliquez physiologiquement la pratique des étirements.
3) Quels sont les vaisseaux qui assurent la vascularisation des organes suivants : les reins, les intestins, le foie, le myocarde, l'encéphale ?
4) Le débit cardiaque : sa définition et sa valeur moyenne au repos. Quels en sont les deux facteurs et leur valeur moyenne au repos ?
5) Faites des schémas expliquant les différentes phases de la révolution cardiaque.

Cours de M. PENIN

1) Expliquez le fonctionnement mécanique de la ventilation.
2) Comment s'effectuent les échanges gazeux ?
3) Décrivez l'appareil respiratoire et donnez les rôles des différents organes qui le constituent.

4) Quels sont les différents types d'articulations dans le corps humain ? Citez des exemples.
5) Comment une diarthrose est-elle constituée ? Quels sont les rôles des différents constituants ?
6) Annotez le schéma suivant (squelette entier).

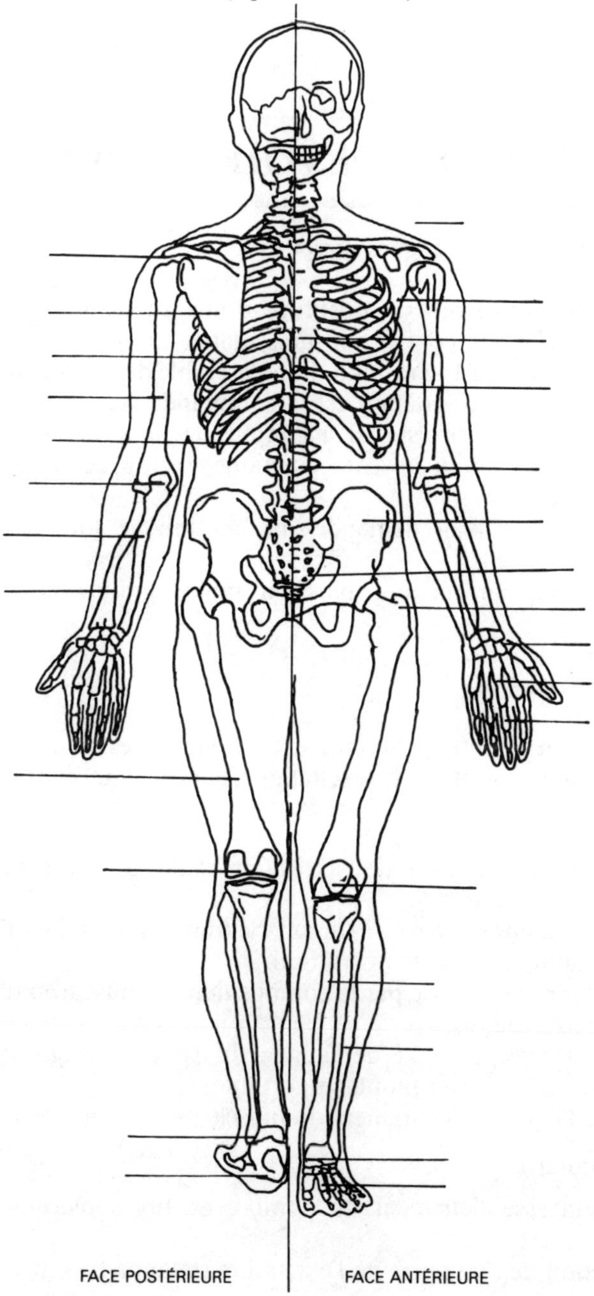

CORRIGÉ DU DEVOIR DE BIOLOGIE

QUESTION 1 — Lignes directrices

La pratique sportive est constituée d'une succession d'actions dont l'élément moteur est la contraction musculaire.

Cette contraction est le résultat d'un ensemble de processus mécaniques et physiologiques dont le départ est la commande nerveuse.

Cette commande correspond à l'impulsion, la stimulation cheminant dans le nerf moteur dont les caractéristiques se rapprochent de la stimulation électrique.

— Quel type de travail demande-t-on au muscle lors de la pratique sportive :

- Vitesse de contraction (plus ou moins grande en fonction des actions).
- Force.
- Endurance.
- Souplesse.

Une relation étroite peut être établie entre ces composantes et les propriétés générales du muscle (excitabilité, contractilité, élasticité, tonicité).

Vitesse de contraction

- Dépend de l'intensité de l'excitation et de sa fréquence (courir vite ou lentement par exemple).
- Liée au temps de réaction du muscle (diminution du temps de latence grâce à l'échauffement, la température).
- Déterminée en partie par la composition du muscle en fibres rapides, lentes ou intermédiaires.
- Subordonnée à l'état de fatigue du sportif (fatigue = temps de réaction plus long, vitesse moins importante).
- Liée à l'état de préétirement du muscle (amélioration du rendement).

Force musculaire

- Dépend essentiellement du nombre de fibres recrutées et de leur section.
- Fonction de l'intensité de l'excitation (tétanos parfait ou imparfait).

Endurance

C'est la capacité du muscle à pouvoir conserver longtemps une contraction ou « supporter » longtemps une série d'excitations (enchaînement d'actions).

Nécessité donc de la part du sportif d'un dosage au niveau de l'intensité et de la fréquence des stimulations afin de reculer le seuil d'apparition de la fatigue.

Souplesse

Qualité nécessaire dans tous les sports et dominante dans certains (gymnastique, danse...).

La propriété d'élasticité du muscle :

— permet la réalisation de certains gestes techniques par augmentation de l'amplitude articulaire ;
— permet d'augmenter le rendement musculaire car le muscle préétiré réagit mieux à une stimulation ;
— joue un rôle d'amortisseur et de frein nécessaire à la réalisation d'un geste sportif ;
— permet la précision et la finesse du geste (jeu entre muscles moteurs et antagonistes).

Il convenait donc dans ce devoir d'aborder comment, dans la pratique sportive, les propriétés du muscle étaient mises en évidence en illustrant les propos tenus par des exemples.

QUESTION 2

Lignes directrices permettant une approche satisfaisante de la question 2.

Les réactions aérobies correspondent à l'utilisation de substrats énergétiques en présence d'oxygène.

Ces substrats qui libèrent leur énergie en présence d'oxygène sont les glucides, les lipides et dans une moindre mesure, les protides (ils n'interviennent que pour une faible part).

Au repos, l'organisme fonctionne en présence d'O_2. Les besoins sont largement couverts par les apports. L'énergie est toute entière fournie par les réactions aérobies.

A l'exercice, les besoins énergétiques augmentent instantanément.

L'oxygène présent au niveau des fibres musculaires est d'emblée insuffisant (dans les phases initiales de l'exercice).

L'organisme fonctionne momentanément en manque d'O_2.

Ce mécanisme correspond à la « dette d'oxygène » qui est initialement consentie à chaque début d'entraînement.

Le rétablissement de l'équilibre initial s'effectue pendant la récupération passive (pendant les pauses prévues dans l'entraînement entre les répétitions, les séries, et après l'entraînement lui-même).

Pendant l'entraînement, il peut y avoir un état d'équilibre entre les apports et les besoins. Ceci est réalisé en fonction du rapport existant entre la durée et l'intensité des efforts.

Au cours d'exercices « sub-maximaux », l'intensité est inférieure à la consommation maximale du sujet, les réactions aérobies fournissent prioritairement l'énergie (la série 3 vous éclairera davantage sur ce point).

Ceci est d'autant plus vrai que l'intensité du travail est modérée.

Pour conclure, les réactions aérobies prédominent ;
— à l'état de repos,
— lors des phases de récupération durant l'entraînement,
— après l'entraînement pour les procédures de récupération post-effort,
— pendant l'entraînement lui-même si l'intensité est relativement modérée.

Par ailleurs l'élimination des déchets et la reconstitution des stocks d'énergie s'effectuent grâce aux réactions aérobies.

SCIENCES HUMAINES

DEVOIRS

Traitez deux questions (au moins) sur les trois.

1) Dans quelle mesure l'échec ou l'erreur permettent-ils de progresser ? (Envisagez les cas du débutant et du non-débutant.)
2) Quelles sont les différentes qualités qui sont sollicitées chez l'individu dans votre spécialité sportive ?
3) A quoi sert la démonstration ?
   — selon la nature de ce qui est démontré,
   — selon le moment où la démonstration intervient (p. 107-108),
   — selon le niveau du pratiquant auquel elle s'adresse,
   — selon le type d'activité pratiquée (p. 97, 98).

EXERCICES FORMATIFS

1) Dans le cadre de votre spécialité :
   a) Quels sont les différents éléments qui constituent l'environnement ? (Ces éléments sont-ils stables ou instables.)
   b) Quels sont les organes des sens sollicités ?
   c) Quelles sont selon vous les informations prioritaires ?
   d) Quelles sont les informations rétroactives (feed-back) ?
   N.B. : Utilisez le schéma page 94.
2) A partir du schéma de la page 103 lorsque vous l'aurez compris :
   a) Essayer de déterminer l'ensemble des conditions qui permettent à un individu de s'initier seul et efficacement à une spécialité sportive.
   b) Envisagez l'utilité d'une aide pédagogique chez le débutant dans votre spécialité.
3) Résumez en 15 lignes la partie du cours concernant le « mécanisme de comparaison » chez le débutant (p. 104 et 105).

CORRIGÉ DU DEVOIR DE SCIENCES HUMAINES

Remarques générales :

En nous appuyant sur notre expérience de formateur et jury, nous vous mettons en garde contre deux tendances fréquentes chez les candidats :

— La première consiste à rechercher dans le cours tous les éléments pour répondre aux questions posées et c'est une réaction assez normale car dans d'autres matières cette démarche peut s'avérer efficace. Si vous avez cette tendance attachez-vous à parler beaucoup plus de votre expérience, de ce que vous avez vu, entendu, fait, senti et compris. Le cours est fait pour vous y aider, il vous donne des outils pour structurer votre vécu en connaissances communicables. C'est ainsi que vous devez apprendre à le lire et à l'utiliser (c'est un des buts des exercices formatifs).

— La seconde consiste à l'inverse à ne pas du tout se servir du cours pour certaines questions, c'est aussi une erreur qui permet rarement d'avoir au-delà de la moyenne. En effet, le jury est en droit d'attendre dans les réponses des manifestations de la formation dispensée.

QUESTION 1

Dans quelle mesure l'échec ou l'erreur permettent-ils de progresser ?

Mots clés de la question :

Notion de progrès : se reporter au cours : progresser c'est améliorer son efficacité.

Significations différentes selon l'activité et le niveau de pratique.

Échec ou erreur : le « ou » ne signifie pas que les deux termes sont synonymes.

Erreur : Simple décalage par rapport au but que l'on s'est fixé mais sans conséquences psychologiques.

Par exemple en situation d'entraînement le pratiquant a droit à l'erreur, elle fait partie du processus d'apprentissage. Une erreur n'entraîne donc pas de perturbation, elle incite le pratiquant à s'organiser pour faire autre chose. L'expérience c'est ce qui permet au pratiquant d'éviter de renouveler ses erreurs.

L'échec : Dans certaines conditions une erreur peut entraîner l'échec qui est un sentiment de déception et peut entraîner de profondes perturbations en cas d'échecs répétés.

Dans la notion d'échec il y a à la fois un aspect objectif et un aspect subjectif (le vécu).

La question porte essentiellement sur l'apprentissage mais pas exclusivement.

Si j'ai négligé ma préparation physique, mon sommeil ou mon alimentation, je peux voir apparaître prématurément le phénomène de fatigue dans une compétition, à ce moment-là, je suis moins attentif, je commets des erreurs inhabituelles qui peuvent entraîner une contre-performance et un échec. Une condition pour progresser est que je ne rejette pas cet échec sur les autres ou sur les circonstances.

La remise en question qui devrait donc normalement suivre un échec chez l'athlète bien préparé mentalement est loin d'être automatique. Elle exige un minimum d'objectivité qui n'est pas évident « à chaud ». L'entraîneur a donc intérêt à laisser s'écouler un certain laps de temps avant d'aider son athlète ou son équipe à effectuer son bilan quel que soit d'ailleurs le résultat.

Pour ce qui est de l'apprentissage, notamment chez le débutant, il suffit de se reporter aux schémas de l'acte moteur pour comprendre que l'erreur ne s'oppose pas à l'apprentissage et même le favorise (mécanisme de comparaison..., signal d'écart).

Il y a cependant là encore des conditions pour que le processus fonctionne bien, notamment :

— Il faut que le pratiquant se rende compte de ses erreurs. Il faut donc qu'il soit informé : selon l'activité et le niveau de pratique, l'information (feed-back) est fournie par la tâche elle-même ou par l'éducateur. Mais dans tous les cas le pratiquant doit bien connaître l'objectif c'est-à-dire savoir sur quoi il doit se juger ou être jugé par l'éducateur.
— Il faut que le pratiquant puisse comparer l'erreur à des expériences réussies. Autrement dit l'erreur n'est pas éducative en soi, d'autant qu'une accumulation entraîne un sentiment d'échec chez le pratiquant. Lorsque vous pressentez que vous avez mis en place une situation trop difficile, vous devez donc absolument la modifier.
— Il faut enfin faire en sorte que le pratiquant lorsqu'il commet une erreur puisse en identifier la cause. L'explication, l'observation d'autrui, peuvent favoriser cette identification et la prise de conscience qu'elle rend possible.

QUESTION 2

Quelles sont les différentes qualités qui sont sollicitées chez l'individu dans votre spécialité sportive ?

L'identification de cette question ne pose pas de problème particulier. Le problème est plutôt de savoir s'organiser pour être le plus productif possible. Quelle démarche peut-on avoir ?

Étape I — Il s'agit en un premier temps d'identifier correctement votre activité et le cours peut vous servir.
- — L'environnement est-il stable ou instable, autrement dit, est-ce une activité à tendance ouverte ou fermée ?
- — La réponse est-elle simple ou complexe ?
- — Y a-t-il ou non urgence ?
- — Mon activité fait-elle intervenir des relations d'opposition, des relations de coopération ou les deux à la fois ?
- — Y a-t-il une notion de risque ?
- — Quelle est l'importance des phases perceptive, décisionnelle et motrice ?

Étape II — Il s'agit aussi d'identifier les différentes tâches :
- — Pour tous les sports il y a des tâches d'entraînement, de préparation, de compétition et de bilan. Même lorsque le pratiquant est pris en charge par son entraîneur, il doit assumer de façon autonome une partie de ces tâches.
- — Pour un sport particulier, il s'agit d'identifier les différentes difficultés et leur importance relative, par exemple en golf :

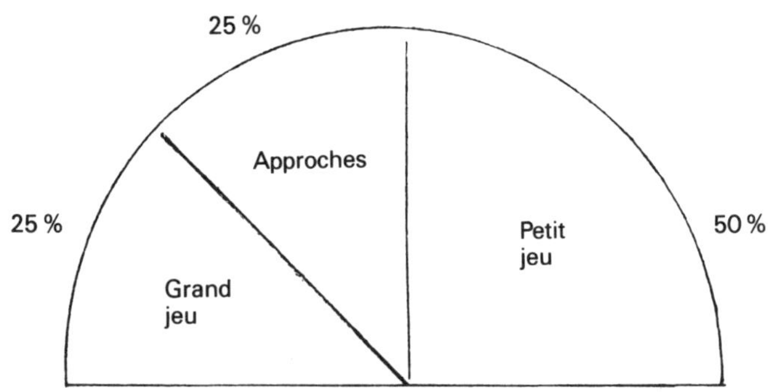

C'est l'ensemble de ces tâches et tout ce que leur réalisation implique en qualités perceptives, réactionnelles, physiques, techniques, tactiques et psychologiques, qui vont vous indiquer quelles sont les ressources (qualités) que le pratiquant doit posséder et/ou développer pour devenir performant.

Étape III — Il s'agit maintenant d'identifier ces ressources, si vous êtes bien passés par les deux premières étapes de réflexion cela ne devrait pas vous poser de problème.

— Certaines sont communes à tous les sports : qualités physiques et techniques, ambition, organisation personnelle, qualités psychologiques...
— D'autres sont spécifiques à votre activité, vous êtes capables de les déterminer.

QUESTION 3

A quoi sert la démonstration ?

Si vous lisez bien cette question, elle vous donne des informations précieuses pour y répondre et une structure pour planifier votre réponse.

Les informations contenues dans la question :

1) Lorsqu'on démontre une action on peut montrer *plusieurs choses*, la nature de ce qui est démontré peut en effet varier :

Ex. 1. Montrer le but en réalisant soi-même la tâche, le pratiquant peut avoir besoin de visualiser certaines consignes d'objectifs.

Ex. 2. Ou montrer comment atteindre le but. L'important n'est pas de très bien démontrer, mais que le pratiquant tire de votre démonstration des informations qui vont lui servir à préciser son intention dans le sens de l'efficacité.

Ex. 3. On peut aussi montrer comment le pratiquant a lui-même réalisé la tâche.

2) Selon le moment où je démontre, ma démonstration n'a *ni le même but, ni la même valeur* pour le pratiquant.

— Démonstration *avant* : pour préciser le but ou l'intention.
— Démonstration *après* : pour évaluer une action, la renforcer ou au contraire aider le pratiquant à reformuler son intention.
— Démonstration *pendant* : rarement possible elle peut favoriser une certaine forme de mimétisme (en ski par exemple lorsque le pratiquant suit le moniteur), elle permet aussi d'associer des sensations et des images.

3) Selon le niveau de pratique, la démonstration peut aussi avoir des effets différents. L'expérience d'HEBRARD montre qu'elle n'apporte pas grand-chose au débutant, en fait cela dépend de ce que l'éducateur en attend.

Si elle lui sert à préciser le but de la tâche, elle peut être très utile. Par contre, s'il en attend une copie conforme dans l'exécution du pratiquant c'est souvent une illusion.

Dans tous les cas il semble important de préciser au pratiquant ce qu'il doit regarder, car spontanément il a tendance à ne voir que ce qui est spectaculaire, c'est-à-dire, les effets du geste démontré (et non la cause, c'est-à-dire, ce qui rend le geste efficace).

Chez le non-débutant le problème est différent. Celui-ci a non seulement un référent sensoriel, mais également une certaine « idée » de la manière dont il effectue un geste. Lui faire prendre conscience de l'écart existant entre ce qu'il fait et ce qu'il doit faire pour être plus performant, est une manière d'affiner ses références.

4) La démonstration peut-elle selon l'activité avoir un rôle différent ?

Pour traiter cette question se reporter au « mécanisme de comparaison chez le débutant ». Dans certaines activités comme la danse classique, l'exécution d'une tâche est très peu liée à l'environnement et n'a pas d'effet sur lui. L'exécutant détermine ses intentions motrices en fonction d'un modèle, d'abord externe (la démonstration), puis interne. Par contre dans d'autres activités où traditionnellement on utilise la démonstration (ski, tennis), certaines expériences pédagogiques ont montré qu'il était tout à fait possible de se passer de cette aide visuelle en donnant à la tâche un caractère qui image ce que doit faire le pratiquant (en ski, passer sous un fil). L'avantage de ces situations est aussi de permettre une auto-évaluation immédiate.

Conclusion : En fait ces quatre variables (nature, moment, niveau et activité) sont en interaction et la question de savoir à quoi sert une démonstration dans un cas précis doit prendre en compte l'ensemble des variables évoquées.

INSTITUTIONS

DEVOIRS

1) Quelles sont les conditions exigées pour obtenir l'agrément ?
2) Quelles sont les conditions exigées pour obtenir « l'utilité publique » ?
3) Qu'est-ce que la grande capacité juridique ?
4) Rédigez les statuts pour une association de votre choix.

CORRIGÉ DU DEVOIR « INSTITUTIONS »

Il faut bien lire les questions ; si l'on demande de rédiger des statuts ce n'est pas pour présenter des idées générales ; la législation se doit d'être très précise.

L'intérêt des devoirs réside dans la recherche personnelle. Concernant les trois premières questions, le cours se voulait volontairement succinct afin d'inciter au travail. La quatrième question était très simple pour tout pratiquant qui s'intéresse un tant soit peu à la vie de son club. Il est bon de connaître les droits et devoirs de chacun si l'on se veut responsable.

Ci-joint les corrigés ; le modèle de statuts proposé n'a que valeur d'exemple.

L'agrément ministériel

L'agrément ministériel est la condition *« sine qua non »* de la possibilité de recevoir une subvention de l'État, comme l'indique clairement l'article 8 de la loi du 16 juillet 1984 (1) : « Les groupements sportifs ne peuvent bénéficier de l'aide de l'État qu'à la condition d'avoir été agréés. »

Les conditions de l'attribution et du retrait de l'agrément sont déterminées par le décret du 13 février 1985 (2) :

Article premier. — *Les groupements sportifs définis à l'article 7 de la loi du 16 juillet 1984 susvisée sont agréés par le commissaire de la République du département où se trouve leur siège social.*

(1) Loi n° 84-610 du 16 juillet 1984, article 8, *opus citum.*
(2) Décret n° 85-237 du 13 février 1985, *J.O.* du 19 février 1985, *opus citum.*

L'agrément ne peut être accordé qu'aux groupements satisfaisant aux conditions ci-après :

1° *Les groupements qui sollicitent l'agrément doivent assurer en leur sein la liberté d'opinion et le respect des droits de la défense, s'interdire toute discrimination illégale et veiller à l'observation des règles déontologiques du sport définies par le Comité national olympique et sportif français ;*

2° *Ils doivent respecter les règles d'encadrement, d'hygiène et de sécurité applicables aux disciplines sportives pratiquées par leurs membres ;*

3° *A l'exception des groupements constitués pour la pratique de disciplines ne donnant pas lieu à l'organisation de compétitions et de ceux qui ont pour seul objet de coordonner l'action d'autres groupements sportifs agréés, ils doivent justifier de leur affiliation soit à une fédération sportive agréée, soit à une fédération liée à une fédération agréée par une convention approuvée par le ministre chargé des sports.*

Art. 2 — *Les fédérations sportives définies à l'article 16 de la loi du 16 juillet 1984 et les unions constituées au sein de ces fédérations sont agréées par le ministre chargé des sports. L'agrément n'est accordé qu'aux fédérations et unions qui satisfont aux conditions mentionnées aux 1° et 2° du deuxième alinéa de l'article ci-dessus et qui, en outre, justifient qu'elles sont en mesure d'offire à leurs membres les structures administratives et l'encadrement technique que requiert la pratique, à tous les niveaux, des disciplines sportives pour lesquelles elles sont constituées.*

Art. 3 — *Outre les justifications prévues aux articles 1er et 2 du présent décret, le dossier présenté à l'appui des demandes d'agrément doit comporter les pièces ci-après :*

a) *Pour les groupements sportifs : le procès-verbal de la dernière assemblée générale du groupement, le bilan et le compte d'exploitation de l'exercice précédant la demande et le budget de l'exercice en cours.*

b) *Pour les unions et fédérations : le procès-verbal de la dernière assemblée générale, le bilan et le compte d'exploitation des trois exercices précédant la demande et le budget de l'exercice en cours.*

La décision d'agrément est publiée au Recueil des actes administratifs du département lorsqu'elle relève du commisssaire de la République et au Bulletin officiel *du ministère lorsqu'elle relève du ministre chargé des sports.*

Art. 4 — *L'agrément est retiré lorsque son bénéficiaire cesse de satisfaire aux conditions requises pour l'obtenir ; il peut, en outre, être retiré pour tout motif grave, et notamment pour tout fait contraire à la moralité publique.*

La décision de retrait est prise par l'autorité compétente pour accorder l'agrément, après que le bénéficiaire ait été mis à même de s'expliquer sur les faits qui lui sont reprochés ; elle est publiée dans les conditions prévues pour la publication de la décision d'agrément.

La reconnaissance d'utilité publique

Toute association régulièrement constituée et déclarée peut solliciter la « reconnaissance d'utilité publique » (loi du 1er juillet 1901 et décret du 16 août 1901).

La reconnaissance d'utilité publique permet à une association de jouir de « la grande capacité juridique », c'est-à-dire qu'elle a la possibilité, outre les droits accordés aux associations déclarées, de recevoir des dons et des legs, d'acquérir, à titre onéreux ou à titre gratuit, des bois, forêts ou terrains à boiser, sans toutefois pouvoir accepter une donation mobilière ou immobilière si le donateur s'en est réservé l'usufruit (3).

La demande en reconnaissance d'utilité publique doit être adressée au ministre de l'Intérieur et signée de toutes les personnes déléguées à cet effet par l'assemblée générale. Doivent être joints à la demande :

- un exemplaire du *Journal Officiel* contenant l'extrait de la déclaration de l'association ;
- un exposé indiquant l'origine, le développement et le but d'intérêt public de l'œuvre entreprise par l'association ;
- deux exemplaires des statuts ;
- la liste des établissements de l'association ;
- la liste des membres avec l'indication de leur âge, de leur nationalité, de leur profession et de leur domicile ;
- le compte financier du dernier exercice ;
- un état de l'actif mobilier et immobilier et du passif ;
- un extrait de la délibération de l'assemblée générale autorisant la demande en reconnaissance d'utilité publique (4).

Le ministre de l'Intérieur fait procéder à l'instruction de la demande par une enquête qui comporte notamment l'avis du conseil municipal de la commune où l'association a fixé son siège social, un rapport du préfet ainsi que l'avis du ministre chargé des sports. Il transmet ensuite le dossier au Conseil d'État pour étude et pour avis.

La reconnaissance d'utilité publique est prononcée par décret rendu en forme de règlement d'administration publique. Une copie du décret est transmise au préfet (ou au sous-préfet) qui a reçu le dossier de déclaration de l'association. Cette dernière reçoit une ampliation du décret.

En raison de l'exigence de conditions particulières à remplir et de la complexité de la procédure à suivre, peu d'associations sportives demandent la reconnaissance d'utilité publique. Dans le domaine sportif, seules quelques grandes associations et une douzaine de fédérations l'ont obtenue.

(3) Loi du 1er juillet 1901, article 11.
(4) Décret du 16 août 1901.

CAPACITÉ JURIDIQUE DES ASSOCIATIONS RECONNUES D'UTILITÉ PUBLIQUE

Le principal intérêt pour une association qui a obtenu la reconnaissance c'est évidemment d'avoir par cette faveur une capacité juridique plus étendue appelée communément « la grande personnalité ». Cette capacité élargie se traduit essentiellement dans les domaines qui font l'objet d'un développement commenté dans les paragraphes ci-dessous.

PATRIMOINE DES ASSOCIATIONS RECONNUES D'UTILITÉ PUBLIQUE

Il va de soi que les associations reconnues peuvent posséder librement et sans aucune limite tous biens immobiliers pour assurer notamment leur fonctionnement et la bonne marche de leurs activités (seule obligation : les valeurs mobilières doivent être placées en titres nominatifs).

Mais en ce qui concerne la possession de biens immobiliers la loi du 1er juillet 1901 est plus restrictive.

En effet, les associations reconnues d'utilité publique ne peuvent posséder ou acquérir d'autres immeubles que ceux « nécessaires » au but qu'elles se proposent (Art. 11 de la loi).

Je rappelle que l'association simplement déclarée, quant à elle, ne peut posséder que le local destiné à l'administration et à la réunion de ses membres et les immeubles « strictement nécessaires » à l'accomplissement du but qu'elle se propose. (Article 6 de la loi.)

La différence est subtile mais en jouant sur les mots on peut estimer que la limitation de biens immobiliers pour les associations reconnues est moins rigoureuse. Mais dans les deux cas on retrouve cette peur du législateur de 1901 qui craignait, à tort ou à raison, l'accroissement et l'immobilisation de biens de mainmorte dans les associations, d'où ces formulations très restrictives de la loi.

Bien entendu tous actes entre vifs, à titre onéreux ou gratuit, qui ne respecteraient pas la loi seraient nuls. La nullité pourra être prononcée soit à la diligence du ministère public, soit à la requête de tout intéressé.

Du reste, s'agissant d'actes portant sur des biens immobiliers, aucun notaire n'accepterait de recevoir un tel acte qu'il saurait nul.

DONS ET LEGS ATTRIBUÉS

Toutes les associations reconnues d'utilité publique peuvent accepter librement les libéralités faites en leur faveur c'est-à-dire les legs testamentaires et les donations consenties par actes notariés (article 11 de la loi du 1er juillet 1901). Seule exception : les donations mobilières ou immobilières avec réserve d'usufruit au profit du donateur ne sont pas permises.

Je signale au passage que les associations déclarées (exception faite des associations ayant pour but exclusif l'assistance ou la bienfaisance) ne peuvent absolument pas bénéficier de cette faveur.

Ceci constitue d'ailleurs la différence essentielle et fondamentale entre ces deux types d'association.

Il faut également savoir que l'acceptation de libéralités par les associations reconnues d'utilité publique est subordonnée à chaque fois à une autorisation administrative. **Cela constitue une partie de la tutelle administrative des associations.**

Il va sans dire que les dons de faible importance, bien souvent anonymes, plus connus sous le nom de « dons manuels » échappent à cette réglementation. Même tolérance en ce qui concerne les petites libéralités mobilières.

Concrètement sont donc seules soumises à autorisation préalable les libéralités provenant de legs testamentaires ou de donations consenties par actes notariés.

L'autorisation éventuelle est accordée, cas par cas, selon les modalités prévues par le décret nº 66-388 du 13 juin 1966 modifié en dernier lieu par le décret nº 80-1074 du 17 décembre 1980 à savoir.

— Par arrêté du Préfet du département où est situé le siège de l'association quand la valeur de la libéralité est inférieure à 3 000 000 F.

— Par décret en Conseil d'État quand la valeur de la libéralité est supérieure à 3 000 000 F ou s'il y a réclamation des familles (cette réclamation devant provenir d'un parent au degré successible).

Le contrôle administratif exercé par les soins de la Préfecture a surtout pour but de vérifier que les héritiers ne soient lésés en cas de libéralités en faveur d'une association.

C'est ainsi que pour les legs et en cas d'opposition d'héritier, il incombe à l'autorité de tutelle d'apprécier les intérêts respectifs de l'association légataire et de la famille du testateur avant de rendre sa décision : autorisation pure et simple d'accepter le legs, approbation d'une transaction, versement d'une allocation de secours, réduction de la libéralité, refus d'autorisation.

La décision de l'autorité compétente est notifiée le moment venu à l'association gratifiée, par le Préfet du département. En cas de refus, l'association peut former un recours administratif contre la décision en question. Il est statué sur ce recours par décret en Conseil d'État sur le rapport du ministre de l'Intérieur.

En tout état de cause, il est conseillé aux associations bénéficiaires de dons ou de legs de prendre contact avec un notaire pour l'établissement du dossier à remettre à la Préfecture.

En effet la composition du dossier à soumettre est particulièrement complexe et seul un praticien du Droit, en l'occurrence un notaire, saura les conseiller utilement sur ces problèmes d'héritage ou de donation.

Autre remarque intéressante :

Il faut signaler, car cela est important, que les immeubles compris dans une donation ou un legs et qui ne sont pas **nécessaires** au fonctionnement de l'association doivent être aliénés (cédés) dans les délais et la forme prescrits par le décret ou l'arrêté qui autorise l'acceptation de la libéralité ; le prix en est versé à la caisse de l'association (Article 11 de la loi du 1er juillet 1901). Seule exception en ce qui concerne les bois, forêts ou terrains à boiser qui peuvent être acquis librement à titre onéreux ou à titre gratuit.

ACQUISITIONS OU ALIÉNATIONS IMMOBILIÈRES ET EMPRUNTS

Dans ces domaines aussi la liberté d'administration des associations reconnues n'est pas totale.

En effet de par une disposition des statuts types, généralement reproduite dans les statuts des associations reconnues d'utilité publique, celles-ci ne peuvent conclure une aliénation ou contracter un emprunt qu'après y avoir été expressément autorisées. Ceci est également valable pour les acquisitions immobilières.

Cette tutelle statutaire est consacrée par l'article 5 du décret de déconcentration du 13 juin 1966.

Par exemple pour obtenir l'autorisation nécessaire, donnée généralement par arrêté préfectoral, l'association qui décide soit de vendre l'un de ses immeubles ou une partie des biens mobiliers faisant partie de sa donation, soit de recourir à l'emprunt, devra adresser sa demande au préfet et y joindre le dossier habituel comprenant notamment la copie ou un extrait de la délibération au cours de laquelle l'assemblée générale de l'association a décidé une telle opération. (Bien se renseigner à la Préfecture.)

Dans le cas d'un emprunt, il sera indispensable de joindre au dossier une promesse de prêt, émanant de l'établissement bailleur de fonds et énonçant le montant, le taux d'intérêt, la durée et les modalités de remboursement du prêt, ainsi que, le cas échéant, les sûretés réelles ou personnelles que l'association emprunteuse devra fournir.

A titre de comparaison je rappelle que les associations simplement déclarées peuvent librement emprunter ou aliéner leurs biens mobiliers et immobiliers.

BREF APERÇU SUR LE RÉGIME FISCAL DES ASSOCIATIONS RECONNUES D'UTILITÉ PUBLIQUE

En raison de leur action dans un but d'intérêt général, les associations reconnues d'utilité publique par les pouvoirs publics bénéficient d'un régime fiscal de faveur pour un certain nombre d'impôts (exonérations totales ou partielles, taux réduits notamment dans le domaine des droits d'enregistrement).

Ces avantages fiscaux sont parfois très appréciables.

Il en est ainsi en matière de droits de mutation dus sur les acquisitions ou les apports immobiliers et surtout sur les dons et legs recueillis par les associations reconnues.

MODÈLE DE STATUTS

Proposés aux associations déclarées sour le régime de la loi du 1er juillet 1901 et du décret du 16 août 1901 (1).

Article 1er

Il est fondé entre les adhérents aux présents statuts une Association régie par la loi du 1er juillet 1901 et le décret du 16 août 1901, ayant pour titre :

Article 2. — *Objet-Durée*

Cette Association a pour but ....
Sa durée est limitée à .... — Illimitée

Article 3. — *Siège Social*

Le Siège Social est fixé à
Il pourra être transféré par simple décision du Conseil d'Administration ; la ratification par l'Assemblée générale sera nécessaire.

Article 4. — *Composition*

L'Association se compose :
a) Membres d'honneur ....
b) Membres bienfaiteurs ....
c) Membres actifs ou adhérents ....

Article 5. — *Admission*

Pour faire partie de l'Association, il faut être agréé par le bureau qui statue, lors de chacune de ses réunions, sur les demandes d'admission présentées.

Article 6. — *Les membres*

Sont membres d'honneur, ceux qui ont rendu des services signalés à l'Association ; ils sont dispensés de cotisations.
Sont membres bienfaiteurs, les personnes qui versent (un droit d'entrée de . francs et) une cotisation annuelle de . fixée chaque année par l'Assemblée générale.
Sont membres actifs ceux qui versent annuellement un somme de ....

(1) Modèle proposé, à titre purement indicatif.

Toute cotisation pourra être rachetée moyennant le paiement d'une somme minima égale à dix fois son montant annuel, sans que la somme globale puisse dépasser cent francs (2).

Article 7. — *Radiations*

La qualité de membre se perd par :

a) la démission,

b) le décès,

c) la radiation prononcée par le Conseil d'Administration pour non-paiement de la cotisation ou pour motif grave, l'intéressé ayant été invité par lettre recommandée à se présenter devant le bureau pour fournir des explications.

Article 8. — *Ressources*

Les ressources de l'Association comprennent :

1) le montant des droits d'entrée et des cotisations,

2) les subventions de l'État, des départements et des communes.

Article 9. — *Conseil d'Administration*

L'Association est dirigée par un conseil de .... membres, élus pour ...... années par l'Assemblée générale, les membres sont rééligibles.

Le Conseil d'Administration choisit parmi ses membres, au scrutin secret, un bureau composé de :

1) un président,

2) un ou plusieurs vice-présidents,

3) un secrétaire et, s'il y a lieu, un secrétaire adjoint,

4) un trésorier, et, si besoin est, un trésorier adjoint.

En cas de vacances, le conseil pourvoit provisoirement au remplacement de ses membres. Il est procédé à leur remplacement définitif par la plus prochaine Assemblée générale. Les pouvoirs des membres ainsi élus prennent fin à l'époque où devrait normalement expirer le mandat des membres remplacés.

Article 10. — *Réunion du Conseil d'Administration*

Le Conseil d'Administration se réunit une fois au moins tous les six mois, sur convocation du président, ou sur la demande du quart de ses membres.

Les décisions sont prises à la majorité des voix ; en cas de partage, la voix du président est prépondérante.

(2) Le rachat des cotisations est limité à 100 F par l'article 6-1° de la loi du 1er juillet 1901, modifié par la loi n° 48-1001 du 23 juin 1948.

Tout membre du Conseil qui, sans excuse, n'aura pas assisté à trois réunions consécutives, pourra être considéré comme démissionnaire.

Nul ne peut faire partie du Conseil s'il n'est pas majeur.

Article 11. — *Assemblée Générale Ordinaire*

L'Assemblée Générale Ordinaire comprend tous les membres de l'Association et se réunit une fois par an.

Quinze jours au moins avant la date fixée, les membres de l'Association sont convoqués par les soins du secrétaire. L'ordre du jour est indiqué sur les convocations.

Le président, assisté des membres du comité, préside l'Assemblée et expose la situation morale de l'Association.

Le trésorier rend compte de sa gestion et soumet le bilan à l'approbation de l'assemblée.

Il est procédé, après épuisement de l'ordre du jour, au remplacement, au scrutin secret, des membres du Conseil d'Administration, si nécessaire.

Article 12. — *Assemblée Générale Extraordinaire*

Si besoin est, ou sur la demande de la moitié plus un des membres de l'Association, le président convoque une Assemblée Générale Extraordinaire.

Article 13. — *Quorum*

Pour délibérer valablement, toute Assemblée générale doit comprendre au moins la moitié plus un des membres de l'Association.

Si le quorum n'est pas atteint, il est convoqué, avec le même ordre du jour, une deuxième assemblée à six jours au moins d'intervalle. Cette assemblée délibère valablement, quel que soit le nombre des membres présents.

Dans tous les cas, les décisions sont prises à la majorité absolue des voix des membres présents à l'Assemblée.

Article 14. — *Comptabilité*

Il est tenu au jour le jour une comptabilité-deniers par recettes et par dépenses et, s'il y a lieu, une comptabilité matières.

Chaque établissement de l'Association doit tenir une comptabilité distincte qui forme un chapitre spécial de la comptabilité d'ensemble de l'Association.

Le rapport annuel et les comptes sont adressés chaque année à tous les membres de l'Association.

Article 15. — *Changements, modifications et dissolution*

Le Président doit faire connaître dans les trois mois, à la Préfecture du département ou à la Sous-Préfecture de l'arrondissement où l'Association a son siège social, tous les changements survenus dans l'Administration ou la direction de l'Association ainsi que toutes les modifications apportées à ses statuts.

Ces modifications et changements sont, en outre, consignés sur un registre coté.

Les registres de l'association et ses pièces de comptabilité sont présentés sans déplacement, sur toute réquisition du Commissaire de la République, à lui-même ou à son délégué ou à tout fonctionnaire accrédité par lui.

Le rapport annuel et les comptes — y compris ceux des comités locaux — sont adressés chaque année au Commissaire de la République du département.

La dissolution de l'association, prononcée par l'Assemblée générale, désigne un ou plusieurs commissaires chargés de la liquidation des biens de l'association.

Elle attribue l'actif à un ou plusieurs établissements analogues, publics, reconnus d'utilité publique ou à des établissements visés à l'article 35 de la loi du 14 janvier 1933.

Article 16. — *Règlement intérieur*

Un règlement intérieur peut être établi par le Conseil d'Administration qui le fait alors approuver par l'Assemblée générale.

Ce règlement éventuel est destiné à fixer les divers points non prévus par les statuts, notamment ceux qui ont trait à l'administration interne de l'Association.

Achevé d'imprimer
par Corlet, Imprimeur, S.A.
14110 Condé-sur-Noireau

N° d'Imprimeur : 2010
Dépôt légal : avril 1988
Imprimé en France